VLAD TEPES

VLAD TEPES

EL VERDADERO DRÁCULA

por Roberto Mares

Grupo Editorial Tomo, S.A. de C.V.
Nicolás San Juan 1043
03100 México, D.F.

1a. edición, mayo 2004.

Nicolás San Juan 1043, Col. Del Valle
03100 México, D.F.
Tels. 5575-6615, 5575-8701 y 5575-0186
Fax. 5575-6695
http://www.grupotomo.com.mx
ISBN: 970-666-943-4
Miembro de la Cámara Nacional
de la Industria Editorial No 2961

Proyecto: Roberto Mares
Diseño de Portada: Trilce Romero
Formación Tipográfica: Servicios Editoriales Aguirre, S.C.
Supervisor de producción: Leonardo Figueroa

Impreso en México - *Printed in Mexico*

Contenido

Prólogo 7
1. En contra de la herejía........................ 11
2. Rebeliones y reconquistas 19
3. Un amigo del poniente 39
4. La caída de Vlad Dracul 53
5. El viaje hacia el poder 59
6. La campaña turca 95
7. Un suave cautiverio 109
8. Un regreso hacia la muerte 115

Prólogo

En cierta ocasión, los aristócratas de la región de Transilvania, se reunieron en asamblea secreta y decidieron hacer acopio de valentía y poder para solicitar —o más bien exigir— al príncipe gobernante, Vlad Draculea, que ajustara su proceder a la ley y la justicia, pues su arbitrariedad y reconocida crueldad había llegado ya al grado de lo intolerable.

Aquello tenía sentido, pues Vlad ya se había ganado a pulso el apodo que llegaría a manejarse como su nombre: *Tepes*, lo que significaba el "empalador", pues era bien sabido que, a la menor provocación, el monarca mandaba "empalar" a las víctimas de su terrible y expedita justicia.

El procedimiento era drástico y brutal: se introducía la punta de una larga estaca, no demasiado afilada, por el recto de la víctima y se le erigía sobre el suelo, clavando la base de la estaca en la tierra, de tal manera que el peso del infortunado iba produciendo una lenta y fatal penetración. El cuerpo se dejaba ahí, en lo alto de la estaca, como una terrorífica evidencia de lo que era capaz el monarca.

En un valle cercano a Tirgoviste, la capital del reino valaco, Vlad Tepes había formado un bosque artificial, con más de veinte mil estacas, rematadas por igual número de cadáveres, incluyendo ancianos, niños pequeños y mujeres. No es difícil imaginar el estado de ánimo de los ejércitos invasores o las facciones rebeldes que tenían que pasar por ahí para intentar la conquista de la ciudad.

Pues bien, los nobles transilvanos pretendían que Vlad

Draculea, el famoso empalador, terminara con su política de terror y se ajustara a las leyes. Vlad los recibió cordialmente y los escuchó con atención, manifestándoles que estaba de acuerdo con sus razones y que en lo sucesivo ninguno de sus juicios se realizaría fuera de la ley; acto seguido mandó llamar a los principales juristas y clérigos del reino y dictó una ley en la que se otorgaba el derecho al monarca para juzgar y sancionar conforme a su criterio personal cualquier acto que pusiera en peligro la estabilidad del Estado (*Jus regeae).*

Por supuesto, al día siguiente, los cuerpos de los aristócratas ya formaban parte del espeluznante bosque antes citado; pero aquello ya no era un acto de arbitraria crueldad, sino que tenía un fundamento jurídico inobjetable.

Así era Vlad Tepes, quien ha pasado a la historia como el conde Drácula.

Como un verdadero sibarita de la muerte se hacía servir la comida en medio de sus recientes víctimas de empalamiento, algunos todavía agonizantes, y se dice que en estos banquetes, en vez de vino, era sangre lo que bebía, pues eso le daba la sensación de poder y vitalidad. Seguramente es esa anécdota una de las fuentes de su identificación con los vampiros, figuras míticas muy populares en la región de los Balcanes.

Por otro lado, en las raíces de su nombre se pueden encontrar las imágenes que dan lugar a la leyenda de su vampiresca condición: El apelativo "Dracul" es heredado de su padre, a quien se le había otorgado la dignidad de *Dragón,* que era una jerarquía militar de origen romano y que se conserva hasta nuestros días. Así, el padre, Vlad, fue llamado *Dracul* (del latino *drac:* dragón), y su hijo *Draculea* (o *Drácula*: hijo de dragón), lo que en la cultura latinizada era un mote honorífico, pero en la semántica popular adquiría otro significado, pues *drac* en rumano es murciélago, vampiro o diablo, pues la imagen es la de una especie de reptil alado que se alimenta de sangre.

En la iconografía medieval, el murciélago está relacionado con el demonio y las palabras diablo y vampiro son a menudo empleadas como sinónimos. En los antiguos tratados de exorcismo se dice que el diablo sale volando del cuerpo del poseso en forma de murciélago; y con frecuencia se alude al demonio como el "Gran Dragón".

De esta manera, las imágenes míticas de dragón, murciélago y diablo se unen en un solo símbolo, que nos lleva a un significado inequívoco: la maldad.

Vlad Draculea, el temible empalador, era, evidentemente, un mal hombre; por más que se le quiera buscar un rastro de sensibilidad humana, no se lo podíamos encontrar; pero habría que considerar, como se podrá deducir de la lectura de este libro, que en aquellos lugares, en aquellos tiempos, no cabía la bondad en la política, lo que, por supuesto, no exime a Vlad Tepes del juicio de la historia,

Bram Stoker, el autor de *Drácula*. A partir de leyendas de vampiros escribió su terrorífica novela sobre el conde Drácula.

aunque no dejamos de considerar que sería saludable someter a este juicio a otros personajes de aquellos tiempos, que no fueron tiempos oscuros e inhumanos en sí mismos, sino por obra de quienes ejercían el poder para servicio de los dragones que anidaban en su corazón.

Querido lector, en este libro tendrás oportunidad de visitar la región de Transilvania en aquellos tiempos de pavor y conocer al verdadero Drácula, un ser de carne y hueso como tú o como yo. El otro Drácula, el que has leído y visto en el cine es un personaje de ficción, que fue desarrollado por el gran escritor Abraham (Bram) Stoker. Aquélla es una novela fascinante, éste es un relato histórico, y sin embargo, por extrañas razones, el hombre y el vampiro se nos aparece siendo uno y lo mismo, como si el vampiro hubiese querido jugar el papel de hombre durante una temporada, para darle gusto al cuerpo y reducir un poco esa insoportable sensación de vacío existencial que seguramente ataca a los vampiros después de siglos de no estar muertos.

Roberto Mares

1

En contra de la herejía

Hacia la mitad de septiembre de 1430, Segismundo de Luxemburgo, rey de Alemania, Hungría y Bohemia, hizo su entrada en la ciudad imperial de Nüremberg, con objeto de celebrar una importante reunión política. Esta hubiera podido inaugurarse ya en marzo, pero la invasión de los husitas a Baviera, Franconia y Sajonia había vuelto inseguros los caminos, haciendo dudar al propio Segismundo sobre la posibilidad de iniciar los trabajos tal como estaba previsto. No se habían presentado muchos grados imperiales, como pudieron establecerlo los comisarios reales que habían viajado en junio para disculpar a Segismundo por su retraso y prometer su inminente visita. Cuando llegó el rey, la mayoría de los participantes, hartos de esperar, le dieron la espalda. Por ese motivo, Segismundo estableció nueva fecha hacia comienzos de enero. Finalmente, el gran concilio pudo inaugurarse el 9 de febrero.

Al igual que las anteriores, esta reunión se llevaría a cabo bajo el signo del peligro husita. Segismundo no había disfrutado mucho de la corona de Bohemia, de la que se consideraba legítimo poseedor desde 1419. La "herejía" bohemia no se había extinguido de ningún modo con la quema de su dirigente, Jan Hus, en el Concilio de Constanza; antes bien, la había avivado, pues ya contaban con un mártir. Las exigencias de los bohemios, que se llamaban a sí mismos "seguidores de Hus", incluían también en sus consignas religiosas y eclesiásticas un conjunto de conflictos sociales, reconocidos instintivamente por los príncipes de la iglesia y los señores laicos.

Desde 1420, Segismundo había intentado inútilmente someter a los husitas en cuatro "cruzadas". Su cohesión nacional, su moral elevada, el desarrollo de nuevas técnicas de lucha, así como la capacidad militar de su líder Zizka von Trocnov habían hecho fracasar todos los ataques.

La última derrota databa de 1427, en la que un ejército cruzado, estimado en cien mil hombres, ante la noticia de que se aproximaban tropas husitas se dispersó sin presentar batalla. Se consideraba, pues, la posibilidad de una quinta cruzada que debería acabar de una vez por todas con los herejes bohemios. Para ello se necesitaba dinero, y Segismundo esperaba obtenerlo de los nobles que se hallaban ahí reunidos.

El regateo para determinar quiénes y cuánto dinero tenían que dar se prolongó por mucho tiempo. Segismundo, a quien los cronistas coinciden en atribuir un notable talento para la política, había demostrado entretanto el alcance de su influencia en el mundo al erigir, en una solemne ceremonia, nuevo *voivoda* (príncipe o conde) de Valaquia a un noble rumano llamado Vlad y armarlo caballero de la Orden de los Dragones, fundada en 1418, para luchar contra los turcos. El apodo que Vlad llevó a partir de entonces fue *Dracul*, que en rumano latinizado significa "dragón"; aunque también tiene la connotación de "diablo".

Vlad Dracul, que tenía treinta y cinco años de edad, no era ningún desconocido entre los seguidores de Segismundo. Él había llegado a la corte del rey antes de 1418, reclamado como rehén para garantizar la lealtad de su padre, Mircea cel Batrin (Miecea "el viejo"), a la sazón voivoda de Valaquia. Bien o mal había servido al rey en años anteriores, permaneciendo junto a él incluso tras la muerte de su padre, acaecida en 1418, y sólo en 1423 había realizado el intento de cambiar la hospitalidad de los reyes húngaros por la de los polacos, porque esperaba de éstos la ayuda militar que los otros no querían proporcionarle. Finalmente, como ya se ha dicho, obtuvo el favor de Segismundo y fue nombrado caballero y señor de su región, como había sido su padre. En ocasión de su nombramiento, Vlad Dracul se arrodilló ante Segismundo y prestó juramento con las siguientes palabras:

> *¡Graciosísima Majestad! En este acto presto el juramento de lealtad y, junto a todos los boyardos y gentes a mí sujetos, juro y prometo sin perfidia ni engaño lealtad y obediencia a Vuestra Majestad y a sus sucesores, así como a la corona de Hungría. Que Dios y la cruz de Cristo me ayuden.*

A lo que el rey respondió:

> *Declaro que tú y tus territorios pasen a formar parte de mi patrimonio y te considero con los mismos derechos y posesiones que todos mis voivodas.*

Después de esa declaración, le entregó el símbolo de su dominio, consistente en una maza de combate en la que aparecía el símbolo del dragón.

A los habitantes de Nüremberg el espectáculo les pareció mucho menos interesante de lo que podría suponerse, pues en la conciencia de los contemporáneos Valaquia no estaba situada en aquella zona gris actual "detrás de las montañas", que se tomaba como sinónimo de desorden. En verdad, los comerciantes de Nüremberg no trataban directamente con "Transalpinia", como llamaban entonces a Valaquia los que sabían algo de latín; pero su contacto con las ciudades alemanas en Transilvania era excelente, pues recibían de los Cárpatos una parte del mineral que requerían para su floreciente producción de armamentos y proporcionaban a cambio manufacturas, armas, sobre todo, y paños. No les era indiferente quién gobernase en Valaquia, como tampoco el rentable comercio que mantenían con Transilvania y los valacos. Lo había demostrado su participación en la campaña contra los turcos, en 1396.

Una mirada al mapa muestra la importancia estratégica del país; los turcos estaban instalados junto al Danubio desde finales del siglo XIV. El reino de Hungría, que en esa época, además del territorio central, comprendía extensas porciones de la actual Bosnia y Transilvania, lo separaba un reducido cinturón de pequeños Estados: Serbia, Bosnia y Valaquia. La política de Segismundo respecto de los Balcanes, consistía en situar a estos Estados bajo la supremacía húngara, para proteger así la frontera sur de Hungría de los ataques turcos. Por ello le cabía a la Valaquia una enorme importancia, dado que en su territorio se encontraban las puertas hacia Transilvania.

La meseta de Transilvania está situada en el extenso anillo de los Cárpatos, que la rodean por el norte, el este y el sur. Mientras que los estrechos y sinuosos pasos, que conducen por el este a Moldavia, son fáciles de bloquear. Existen al sur dos grandes brechas en los Cárpatos: El paso de Rote-Turm, que conecta a la ciudad de Hermannstadt (Sibiu) con la "Pequeña Valaquia" (Muntenia). El paso de Rote-Turm resultaba especialmente apropiado para una invasión a Transilvania. Los cruces montañosos en el oeste y el este alcanzan en sus cumbres alturas de más de 2,500 metros, mientras que este paso sólo llega a los 380 metros, formando el valle del río Otl. Es demasiado ancho para poder ser bloqueado con éxito. Las fortificaciones del paso en su extremo norte tenían, además de las funciones de control y aduana, la misión de detener todo posible enemigo, a fin de que en Hermannstadt, distante 40 kilómetros, pudieran tomarse medidas de defensa. Aquella era una postura táctica, pero no estratégica. Una defensa efectiva

Vlad Tepes, quien ha pasado a la historia como el conde Drácula.

requería los territorios situados al pie de las montañas; esto es, la provincia de Valaquia.

El principado, que de norte a sur iba desde el Danubio hasta Transilvania, separado al este del principado de Moldavia por el río Milcov, y que llegaba por el oeste hasta las Puertas de Hierro, el paso del Danubio, ocupó en su momento de máxima expansión una superficie aproximada de 125 mil kilómetros cuadrados. Esto había ocurrido por el año 1415, durante el dominio de Mircea cel Batrin. Mircea había aprovechado bien la destrucción de las fuerzas turcas tras la batalla de Ankara, extendiendo su principado hasta el sur del Danubio, especialmente Dobrudska, con la fortificación del puerto y la ciudad de Kilia, que controlaba la desembocadura del Danubio, y el refuerzo de los cruces en Giurgiu, Silistria e Isacea, había procurado que el Danubio hiciera de frontera defensiva. Desde el punto de vista de la política exterior, combinó sus éxitos militares con el oportunismo, reconociendo por una parte la superioridad del sultán turco, por otra se sometió al rey de Hungría, jurándole fielmente lealtad al rey de Polonia. No le preocupaban las apariencias, porque para él lo importante era la independencia de hecho.

Aún durante el gobierno de Mircea, una formidable ofensiva turca anuló en parte sus éxitos. Tras su muerte, el avance turco aceleró la disputa en torno a los sucesores y a la imposibilidad de organizar la ayuda húngara, dado que Segismundo consideraba que su misión urgente era derrotar la rebelión husita. A mediados de la década de los años veinte, en el siglo XV, la franja territorial al sur del Danubio había vuelto a perderse, banderas turcas flameaban sobre las fortificaciones construidas por Mircea, y los turcos ocuparon el trono de Valaquia, situando en el mando a un "voivoda" que les era sumiso. Loa ataques a Transilvania acarrearon las quejas contra Segismundo debido a su inactividad.

Por fin, en 1427, el rey asumió la iniciativa. Apareció en Valaquia a la cabeza de un ejército húngaro, colocó ahí a un príncipe favorable a Hungría, Dan II, y reforzó nuevamente los cruces del Danubio. También escribió a la Orden de Caballeros de Alemania, en Prusia, invitándolos a participar en la guerra contra los impíos, cosa que ellos rechazaron agradecidos. No obstante, al año siguiente, Segismundo continuó su campaña hasta que, delante de la fortaleza serbia de Lalambocz, sufrió una dura derrota y tuvo que regresar a Hungría. Sus conquistas volvieron a perderse y los turcos recuperaron las fortificaciones del Danubio. Dan II, quien como vasallo de Hungría, había participado en la campaña de Segismundo, con un contingente de valacos, se vio obligado a pagar tributo al Sultán, puesto que no quería arriesgarse a una expedición represiva.

A partir de entonces, se le consideró poco fiable. Por este motivo, la investidura de Vlad Dracul no podía concebirse como un mero gesto de reconocimiento a la sucesión sanguínea, sino que significaba la reanudación de la política húngara en los Balcanes; a Vlad Dracul no sólo se le confirió el título de "Protector de la frontera transilvanovalaca", sino que Segismundo tuvo que comprometerse a conceder subsidios y un contingente de tropas.

Luego del concilio, Vlad Dracul se dirigió hacia Schässburb (Sighisoara), donde poseía una casa; desde ese momento pensó en poner en marcha los preparativos necesarios para convertir la opción al voivodato en una verdadera toma del poder.

Con ello un miembro rumano de la pequeña nobleza quedaba desplazado. Este hombre, llamado Johann Hunyadi, que desde 1430 se hallaba al servicio de Segismundo, encargado fundamentalmente de tareas militares, desempeñaría un papel protagónico en la vida de Vlad Dracul y la de su hijo.

2

Rebeliones y reconquistas

Siebenbüerger o Transilvania ha sido siempre una región de mezcla de grupos étnicos. Al igual que hoy, en el siglo XV la población se componía de cuatro grupos principales: los rumanos, los húngaros, los szekler y los sajones.

Los alemanes habían llegado al país durante los siglos XII y XIII en múltiples flujos migratorios; en su mayor parte provenían de la zona del Rihn con el Mosela; no obstante, fueron denominados "sajones" por los funcionarios húngaros, porque habían tomado una ruta migratoria que partía del Rihn y atravesaba Alemania Central; los húngaros confundieron esta región intermedia de su recorrido con la de su verdadero origen. Gracias a un privilegio que les concedió el rey de Hungría en 1224, el *Andreanum*, quedaron libres de establecerse en los territorios que se les asignaban, conservando su propio código jurídico alemán, así como plena autonomía administrativa. Su principal ámbito de colonización fue el norte y el sur de Transilvania, donde fundaron, como puntos centrales de un comercio floreciente, las ciudades de Hermannstadt, Kronstadt, Bistritz y Schässburg. Los colonos se establecieron, pues, en las regiones más ricas de Transilvania, lo cual les garantizaba altos rendimientos agropecuarios. Como los sajones eran también consultados por sus conocimientos de minería —las minas de oro transilvanas eran consideradas improductivas, pero también existían en la región importantes yacimientos de sal—, su influencia social se extendió por encima del sector demográfico. Tanto en el comercio como en muchas actividades artesanales ellos gozaron pronto de una situación monopólica. En virtud de su importancia económica, a partir de 1289 participaron en el *Landtag* de la nobleza húngara-transilvana, en calidad de "nación protegida".

No puede determinarse con exactitud de dónde provienen los szekler, que era la segunda nación protegida. Puede dudarse de si son realmente descendientes de los hunos, vigilantes de la frontera enviados al oeste por Atila, como cuenta la leyenda; pero generalmente se considera el Asia Central como su lugar de origen. Los szekler se establecieron al sudeste de Transilvania. Su misión era la vigilancia fronteriza, y por ello el rey de Hungría les había conferido ciertos privilegios. Eran equiparados a los nobles, por lo tanto estaban representados en el Landtag con voz y voto. No pagaban impuesto alguno y no se sometían al derecho real. Sobre el suelo que se les había otorgado mantenían un derecho urbano exclusivo y, al igual que los sajones, gozaban de autonomía absoluta.

Del lado de Transilvania, estaba la tercera potencia, que era la nobleza húngara, organizada en siete condados, que se ocupaba intensamente de reducir a servidumbre lo que quedaba del campesinado libre y de elevar sus rentas. La nobleza era el estrato políticamente más poderoso. De sus filas salía siempre elegido el voivoda de Transilvania, y como compensación de estas múltiples ventajas, le correspondía, al menos teóricamente, la defensa del país.

El grupo étnico numéricamente más fuerte, el de los rumanos, no estaba presente en el Landstag; carecía de derechos políticos. En qué medida formaban parte de los grupos étnicos propiamente autóctonos de Transilvania, que, a consecuencia de la expansión del reino húngaro, se vieron rechazados hacia el sur y el este, o hasta qué punto fueron sometidos, es una discusión que ha llenado volúmenes enteros.

La historiografía húngara sostiene que Transilvania resultaba de un vacío demográfico que Hungría de hecho no tuvo que conquistar, tan sólo poblar y defender de los ataques provenientes del sur y del este. Los rumanos habrían inmigrado tan sólo más tarde. Otras fuentes informan de un legendario voivoda rumano que defendió Transilvania contra Hungría, pero que fue derrotado. Sea como fuere, los distintos modos de producción agropecuaria mantuvieron limitados al principio los conflictos. Los rumanos eran pastores nómadas, mientras que los húngaros y los alemanes eran fundamentalmente agricultores. Transilvania tiene aproximadamente el tamaño de Baviera; su población, al final del siglo XV, era de apenas medio millón de personas; vastas franjas de territorio se hallaban despobladas, y la coexistencia de las formas de producción agropecuaria era relativamente pacífica. En los comienzos, el rey de Hungría les había conferido privilegios a los rumanos por los mismos motivos que a los alemanes. Debían colonizar la periferia para proteger a la región central. Estaban directamente subordinados a la Cámara Real, que era la administración financiera del Estado. Los impuestos que tenían que pagar eran escasos. Cuando la nobleza húngara comenzó resueltamente a convertir a Transilvania en un Estado feudal, tanto la posición social como nacional de los rumanos se debilitó. Boyardos y miembros de la capa dirigente rumana, deseosos de cooperar, fueron incorporados y asimilados a las capas superiores húngaras, mientras que los demás se convirtieron en siervos de la tierra.

Por lo tanto, tiene sentido ver en la fundación de los principados rumanos de Valaquia y Moldavia, en la primera mitad del siglo XIV, una reacción a la creciente presión húngara y alemana. También en el campo de la religión, la posición de los rumanos era precaria. Las tres "naciones" aceptadas profesaban el catolicismo y reconocían la

Iglesia Romana, mientras que los rumanos se sentían pertenecientes a la Iglesia Ortodoxa Griega, cuya cabeza era el Patriarca de Constantinopla. La pretensión de exclusiva representación por parte del obispo de Roma, en el sentido de presidir, como Papa, el conjunto de la cristiandad, había sido rechazada categóricamente por la Iglesia oriental. Recíprocamente, ésta había sido excomulgada y tachada de hereje en el año 1054. Los conflictos quedaban planteados: a lo largo de Transilvania, se trazaba así el límite de influencias eclesiásticas rivales.

El hecho de que la Iglesia de los húngaros y los alemanes fuera la de sus amos, la hacía tan poco atractiva a los rumanos como los tres inquisidores que el Papa había enviado a Transilvania para convencerlos con sus peculiares métodos: el repertorio represivo iba desde la prohibición de construir iglesias de piedra, pasando por la conversión forzosa de obispos ortodoxos a la fe católica, hasta la ejecución, por empalamiento, de rumanos recalcitrantes que se negaban a convertirse al catolicismo. Semejante comportamiento indujo al propio rey de Hungría a enviar al Papa una carta de protesta. Necesitaban la fuerza laboral de los rumanos, sin duda, pero al control político le sumaban el control religioso. No podían hacer otra cosa, pues existían muchos factores de inseguridad: no sólo se trataba de que los voivodas rumanos de Moldavia y Valaquia concedieran un gran valor a la independencia de su organización eclesiástica, sino que incluso en el Estado moldavo se les proporcionara asilo y protección a los husitas prófugos. Para la conciencia de la Iglesia Católica, semejante conducta rozaba el límite de la herejía.

Vlad Dracul tenía que conciliarlo todo. El protegido de Segismundo se había convertido a la fe católica desde hacía mucho tiempo, y entre otras cosas, representaba ciertas esperanzas del clero católico en la obtención de una mayor influencia sobre el principado de Valaquia.

Pero la realidad les haría abandonar sus esperanzas.

En el curso del año 1431, que tan prometedoramente había comenzado para Vlad, se produjeron amargas decepciones. Apenas llegado a Schässgurg, le llegó la noticia de que ya se había producido el cambio de trono en Valaquia. Al parecer, Dan II era un individuo de poca confianza no sólo para los húngaros, sino también para los turcos. Pero el sultán había demostrado ser más rápido. Con la ayuda turca, su candidato se había afirmado en el trono. Alexander Aldea, tal era su nombre, no era un desconocido para Vlad Dracul: era su hermanastro.

Alexander gobernó con bastante habilidad; dio muestras de una disposición comprensiva y dejó entrever que podía limitar sus inclinaciones hacia los turcos. Por tanto, simplemente aguardaba. La posición de Vlad Dracul empeoró más aún cuando, en agosto, se conoció el deshonroso resultado de las campañas bohemias. El quinto intento de Segismundo por tomar posesión definitiva del reino había fracasado más lastimosamente que las veces anteriores.

Ya no podía esperarse la ayuda de Segismundo. Además, pocas semanas después, el rey envió una expedición a Italia para que se adhiriera a su corona real, que era todavía la del imperio. A tal fin, reclutó las tropas en Hungría. Vlad Dracul debió confiar en que alguna vez vendrían tiempos mejores.

El personaje principal de esta historia nació aquel mismo año de 1431, en Schässburg. Era el segundo hijo de Vlad Dracul (el primero, llamado Mircea, había nacido en 1428), y se le llamó, de acuerdo a la tradición, Vlad, el hijo de Dracul, o sea Vlad "Draculea".

El año siguiente los turcos invadieron Transilvania y arrasaron Burzenland, la región que rodea Kronstadt. Alexander Aldea había intentado desesperadamente obtener la ayuda de los sajones; pero no la había conseguido, a pesar de que supo llamar la atención sobre la necesidad de una acción común.

Por lo tanto, a Alexander no le quedó opción. Para demostrar su lealtad al sultán, acompañó al ejército turco en el saqueo. A partir de entonces se convirtió en enemigo de los transilvanos y se vio comprometido con los turcos.

Estos acontecimientos no alteraron a Vlad Dracul; ahora más que nunca se proponía como opositor prohúngaro. Su segundo matrimonio con una princesa Moldava, Eupraxia, una hermana de los príncipes gobernantes, Ilias y Stefan, le llevó a abrigar esperanzas de una ayuda moldava.

No se sabe de qué contingentes se compuso la reserva en la que se apoyó Vlad Dracul para convertirse finalmente en príncipe de Valaquia. En 1435, a lo sumo en 1436, se instaló por fin en Tirgoviste, capital del principado. Alexander Aldea huyó con los turcos.

La estructura del principado valaco estaba perfectamente diferenciada del transilvano. Su medio millón de habitantes representaba una cerrada unidad étnica. Sólo en Cimpulung, una ciudad que la Orden de los Caballeros alemana había poseído y gobernado durante un tiempo, existía una minoría alemana. La masa de la población vivía en la región periférica de los Cárpatos. La planicie del Danubio, que por entonces se hallaba cubierta de espesos bosques estaba escasamente poblada.

Tirgoviste, Cimpulung, Curtea de Arges, Pitesti, Rimnicu y Tirgu-Jiu eran los centros comerciales controlados casi en su totalidad por las ciudades alemanas de Transilvania. Braila, situada junto al Danubio, constituía el principal puerto comercial. Las ciudades eran pequeñas y débilmente protegidas. Las murallas eran una excepción. Una crónica turca informa que incluso Tirgoviste estaba defendida sólo por una empalizada. Existían fortificaciones sobre el Danubio, pero estaban en poder de los turcos. Desde 1410, época en la que Mircea cel Batrin había conducido al principado a la cima de su poder, el país que llegó a manos de Vlad Tepes se había reducido a cerca de la cuarta parte de lo que había sido.

La estructura social de principado podía dividirse en:

los príncipes (voivodas) y sus familias; la clase superior de los boyardos; y finalmente los campesinos. A diferencia de Hungría y Transilvania, en Valaquia se había desarrollado el sistema feudal de carácter occidental que se hallaba en sus inicios. El sector del campesinado libre, donde el príncipe reclutaba su ejército en caso de guerra, era comparativamente elevado; el límite entre este sector y las clases boyardas más inferiores, que eran tres, era en realidad bastante confuso. Los boyardos cedían aquellas tierras de sus propiedades, que ellos mismos no trabajaban, a campesinos dependientes, quienes pagaban un diezmo y les proporcionaban mano de obra. Mediante privilegios concedidos por el príncipe, el estrato boyardo superior configuró así su posición con perjuicio de los campesinos que permanecían libres, en el sentido de un feudo con funciones de ejército, tribunal y administración.

Estos grandes boyardos, junto con los dignatarios eclesiásticos más elevados, formaron una especie de Consejo al que el príncipe debía consultar en las decisiones importantes sobre política interior y exterior. Los boyardos eran asimismo necesarios cuando se trataba de la elección de un nuevo príncipe. Como en Valaquia no existía la primogenitura, cualquier miembro masculino de la familia dominante tenía opción de ser elegido. La elección se llevaba a cabo en una gran asamblea de boyardos, en la que el alto clero, del mismo modo que en el Consejo, se hallaba representado. Este procedimiento ofrecía diversas posibilidades a la táctica habitual de los boyardos, que consistía en valerse mutuamente de los candidatos para aumentar cada uno sus propios derechos y privilegios.

Al consejo y la gran asamblea de los boyardos se le sumaron otras formas de dominio y organización, derivadas por una parte de Serbia y Bulgaria, es decir, indirectamente de Constantinopla, y por la otra de Hungría, lo cual es comprensible dada la situación geográfica de Valaquia. La posición del voivoda era débil por el hecho de que generalmente los boyardos se ponían de acuerdo en un candidato con escasas posesiones territoriales. No tenía "poder dinástico", por lo que su autoridad se fundamentaba en la de los boyardos; pero tampoco le era fácil destituir a aquellos que no le convenían, si quería hacerlo se veía obligado a emplear los caminos legales, debiendo demostrar que existía traición o negativa al pago del impuesto. Por supuesto, el proceso se demoraba mucho y entretanto los príncipes podían recuperar su poder.

La Iglesia Ortodoxa rumana constituía otra de las fuerzas que Vlad Dracul debía tener en cuenta. No estaba tan rígidamente organizada como la Iglesia occidental, pero disponía de importantes conventos con grades territorios, como Tismania, Gobora, Vodita, Cozia y Snagov. Al igual que en el resto de Europa, las propiedades de la Iglesia estaban exentas de impuestos. No obstante, en caso de guerra, se suspendía ese privilegio. Análogamente al deber de los boyardos de procurar armamento para el ejército, los conventos hacían entrega de pagos en dinero o proporcionaban víveres. La sede del único obispo era Curtea de Arges, la antigua sede del voivoda antes del otoño de 1400.

La Iglesia Ortodoxa rumana seguía siendo independiente, aunque estaba nominalmente aliada con la Iglesia rusa, pudo convertirse en una "Iglesia Nacional", porque la posición del patriarca de Constantinopla no podía compararse con la del Papa. La Iglesia oriental mantenía una unión relajada con la Iglesia nacional, a la que el patriarca presidía como jefe tan sólo *ad honorem*; su influencia radicaba más en la superioridad de la cultura cristiana bizantina que en el ejercicio directo del poder religioso.

Los príncipes rumanos habían reconocido muy tempranamente las posibilidades de esta estructura, por lo que intentaron forzar la centralización de su Iglesia nacionalista y crear, mediante los conventos allegados al príncipe, un contrapeso para los territorios de los boyardos, procurando utilizar a la Iglesia para reforzar su propio poder.

Por el contrario, Segismundo estaba interesado en conectar el principado rumano lo más estrechamente posible con el reino húngaro. Para ello, la Iglesia católica funcionaba como mediadora. Vlad Dracul debía colaborar con ella para conseguirle una penetración en Valaquia. En 1436 nombró a un tal Gregor obispo católico de Milcov. Desde esta posición manifestó su intención de crear una organización eclesiástica católica, lo cual había sido una de las condiciones para recibir la ayuda occidental.

Es poco probable que Vlad Dracul hubiera impulsado la construcción de una organización eclesiástica rival. Él había ocupado el principado mediante las armas y debía tratar de crearse una base duradera de poder. Una disputa con la Iglesia ortodoxa rumana le habría resultado muy costosa.

Aún así, apenas había tiempo para disputas teológicas. La política exterior se manifestaba bajo un signo tormentoso. Los turcos disponían los preparativos para una nueva ofensiva. Pero esta vez ningún *pachá* o *beg* conduciría el ejército turco, sino que lo haría personalmente el sultán Murad II.

Los acontecimientos se precipitaron. En el verano de 1437, fuertes avanzadas turcas se establecieron en Semendria, cruzaron el Danubio y arrasaron la región que rodea a Timisoara. Simultáneamente, los campesinos rumanos y húngaros de Transilvania se rebelaron; sajones pobres, entre ellos miembros de la clase urbana baja, se les unieron. Era un intento desesperado de conquistar la libertad que les había sido usurpada, de suprimir la servidumbre y reducir las contribuciones. El movimiento tomó el nombre de la colina en la que se congregó el ejército campesino, por lo que se llamó "rebelión de Bobilna".

Al principio, los campesino eligieron la vía de la negociación. Los delegados presentaron sus reclamaciones a los nobles. Como respuesta, el voivoda de Transilvania ordenó la ejecución de los emisarios, lo que significaba una declaración de guerra, la que se comenzó a finales de julio. Sucedió lo inesperado: los campesinos mal preparados para la guerra e insuficientemente armados, derrotaron las fuerzas de los nobles.

Desde el punto de vista de Vlad Dracul, aquello sólo podía significar que su vasallaje a Hungría, el deber de prestar ayuda recíproca, ya no tenía ningún valor: Transilvania ya no podía considerarse un apoyo en la defensa contra los turcos. En vista del resultado de los avances turcos, y mucho menos podía considerarse Hungría una fuerza defensiva suficiente. Al igual que sus predecesores, a Vlad Dracul no le quedó otra opción. Sin aliados habría tenido poco sentido luchar contra los turcos. La devastación de Valaquia y la pérdida de su trono habían sido consecuencias inevitables.

Vlad Dracul hizo sus preparativos. Hacia finales de verano de 1437, rindió homenaje al sultán con una magnífica comitiva de trescientos boyardos e hizo entrega del tributo. Para él esto significaba mantenerse en reserva para el próximo año.

Entretanto la nobleza de Transilvania llegaba a un acuerdo con los rebeldes: concedía a los campesinos el derecho a la libertad, quedaban exentos de la gleba y obtenían, además, una sensible reducción en los gravámenes. De esa manera la nobleza ganaba tiempo para una contraofensiva. El 16 de septiembre se firmó un tratado para una alianza con los szekler y el patriciado urbano sajón; el pacto, conocido como *Unio Trium Nationum*, defendía la dependencia recíproca. La nobleza necesitaba la fuerza productiva y financiera de las ciudades alemanas contra los campesinos, y estas precisaban, a su vez, a la nobleza para defenderse de los turcos.

> *...llegado el caso en que los así llamados turcos osaran alguna vez invadir estas áreas del país, y éstas se encontraran en apuros, los nobles ya mencionados se comprometen a acudir y prestar ayuda a la llamada Sajonia, en carácter de unión fraterna respectiva; por otra parte, los*

sajones se comprometen a acudir y prestar ayuda a los nobles contra sus enemigos y rivales para reprimir la insolencia de los malvados campesinos.

Una vez que se hubo asegurado el apoyo recíproco, las acciones bélicas no tardaron en reanudarse; los campesinos resistieron cuatro meses más. En enero de 1378 fueron derrotados y sufrieron las consecuencias de inhumanos juicios. A la clase alta le quedó la mala conciencia de estar sentada sobre un barril de pólvora; tal vez por eso se renovaron los acuerdos del 6 de febrero de 1438.

Mientras tanto, en el reino también se habían producido cambios. El 9 de diciembre de 1437, moría en Znaim (Moravia) Segismundo, el emperador rumano y reconocido rey de Bohemia. El sucesor en Hungría y Bohemia fue su yerno Alberto II, elevado al trono en marzo de 1438. Se destacaba como un experimentado jefe militar y, de acuerdo con el testimonio de un cronista checo: "Era bueno, temerario y compasivo, a pesar de ser alemán." Él consideró que la guerra contra los turcos era su tarea más urgente.

A pesar de su decisión de pagar tributo al sultán, Vlad Dracul no se lamentaba. Más bien, a partir del desarrollo de los acontecimientos alemanes y húngaros, reforzó su apreciación pesimista de la situación. Mientras Alberto se ocupaba aun de ser reconocido en su propio reino, convocando una Dieta para julio en Nüremberg y fijando otra posterior para octubre, el ejército turco estaba ya a orillas del Danubio.

En mayo, Murad II penetró en Valaquia, donde su fiel vasallo Vlad Dracul le proporcionó apoyo con tropas y provisiones. Acompañados por Vlad, los turcos atravesaron los pasos de los Cárpatos y llegaron a Transilvania, que se hallaba débilmente defendida. Un segundo ejército turco operaba en Serbia, y amenazaba su capital, Semendria, a la que el déspota Georg Brankovic había provisto de una poderosa muralla de contención.

Los turcos sitiaron durante ocho días la ciudad de Hermannstadt, fuertemente asegurada. Viendo la inutilidad de sus esfuerzos, se retiraron de la ciudad hacia el norte y saquearon el territorio. En julio estaban ya a las puertas de Mühlbach. La posición de Vlad Dracul era sumamente delicada. En la suerte que había corrido Alexander Aldea podía calibrar lo que significaba enemistarse con las ciudades sajonas. Por lo demás, había recibido ayuda de ellas y reclamado su hospitalidad; finalmente, parte del principado Valaco, el ducado de Fagara, se hallaba en una situación muy expuesta al ámbito transilvano. La solución que Vlad Dracul eligió para el problema consistió en aprovechar con elegancia todos los recursos.

La población de Mühlbach, que en tiempos de paz apenas se componía de 1,500 habitantes, había aumentado considerablemente con la llegada de los refugiados. La ciudad se encontraba en un pésimo estado defensivo. Murad II ordenó el inicio inmediato de los preparativos para el sitio. Entonces intervino Vlad Dracul. Un testigo ocular, el "estudiante Rumeser", describió la acción:

> *El duque de Valaquia, que había llegado junto con los turcos, debido a la amistad que otrora había mantenido con los habitantes de la ciudad, se aproximó a las murallas, exhortándolos a seguir su consejo. Invocando el hecho de su debilidad e insuficiencia numérica para resistir, les pidió que no lucharan, sino que se rindieran alegremente. Él obtendría de los turcos la concesión para que la clase superior de la ciudad manutuviera sus bienes, y siguiera a los turcos hacia su país. Una vez ahí, decidirían libremente permanecer o regresar al hogar. El resto de la población llevaría consigo sus bienes, por si acaso decidiera ocupar una de las tierras que se les podría conceder.*

Para apreciar correctamente el proceder del voivoda, es preciso considerar lo que, de otro modo, les hubiera esperado a los habitantes de Mühlbach. Tras la acción de guerra, una ciudad tomada por la violencia era entregada a los soldados para el saqueo, lo que habitualmente degeneraba en hechos sangrientos. Exceptuando algunos "principales de la ciudad", la población de Mühlbach fue conducida al reino de Turquía, pero las condiciones en las que este hecho tuvo lugar —integridad física y de bienes, posibilidad de regresar en el caso de que se deseara— fueron notablemente distintas de aquellas que nuestro testigo ocular tuvo que enfrentar, puesto que pertenecía a un grupo de ciudadanos que se negó a aceptar el acuerdo. Levantaron barricadas alrededor de la torre y resistieron todo un día. Al anochecer, los turcos les prendieron fuego y "...nos cocinaron y asaron lo mismo que un pan en el horno": Los pocos sobrevivientes, entre los que se hallaba el estudiante, fueron engrillados y llevados al mercado de esclavos de Adrianópolis. La condescendencia del sultán se debió al conocimiento que tenía de que Mühlbach gozaba de buena reputación como ciudad curtidora. Los cueros que ahí se manufacturaban eran vendidos en Praga y Viena. Siempre podían necesitarse buenos artesanos en el reino Turco.

Luego de la destrucción de Mühlbach, los turcos se retiraron y cruzaron el Danubio, cargados con un rico botín y arrastrando consigo setenta mil hombres. Por el contrario, Vlad Dracul se apresuró a liberar a sus prisioneros, de acuerdo con un documento del rey Alberto, ellos volvieron a su patria a comienzos de 1439.

Valaquia pudo tomarse un respiro. En 1439, el escenario de la guerra se trasladó a Serbia. Georg Brankovic huyó a Hungría, que todavía era segura. Semendria capituló tres meses más tarde. Alberto, quien intentó organizar un ejército de socorro, no encontró el suficiente entusiasmo. Se desataron epidemias entre las tropas reunidas apresuradamente. La mayor parte del ejército se disolvió. En medio del desmoronamiento general, apareció sin embargo un rayo de esperanza, un pequeño grupo que había combatido valientemente. Su jefe era Johann Hunyadi.

Hunyadi había aprovechado muy bien los años anteriores. En otoño de 1431 acompañó a Segismundo a Italia y aprendió allí el sistema de la "guerra moderna", que ya no requería el reclutamiento de los nobles, sino que se componía casi exclusivamente de mercenarios. En Milán trabó conocimiento con el famoso "condotiero" Francisco Sforza. Luego del coronamiento de Segismundo como emperador, regresó con él a Bohemia, demostrando allí también su coraje y perspicacia. Sobre todo se familiarizó con las técnicas de combate husitas. La fineza táctica que habían desarrollado, la de formar una valla circular con los carros, en cuyo centro podían descansar de la batalla campal, le impresionó vivamente. Posteriormente puso en práctica este ingenio en el desarrollo de la lucha. Alberto había mantenido a su servicio al eficiente guerrero, y en primavera de 1439 le encomendó la protección de un sector de la frontera entre Hungría y Turquía. Hunyadi cumplió debidamente esta misión. Su comportamiento en Semendria volvió a incrementar enormemente su prestigio. El 27 de septiembre, el rey lo nombró *Banus* (conde) de Severin, la marca fronteriza húngara más al sudeste, y a la vez más amenazada; eso significaba el ascenso a la alta nobleza. Hunyadi sólo tenía treinta años de edad.

Alberto II, quien había enfermado de disentería, partió hacia Viena para restablecerse, pero sucumbió a la enfermedad en el camino.

Los disturbios que estallaron a partir de entonces demuestran que el sultán tenía indirectamente un aliado en la lucha partidista de la nobleza húngara.

La viuda de Alberto, Isabel, reclamó la corona de Hungría y Bohemia para su hijo, quien la esperaba. Naturalmente, se formó de inmediato una facción de la nobleza que la apoyó en sus pretensiones. A Federico III, sucesor de Alberto en el trono de Alemania, se le designó tutor del posible heredero.

Otra facción nobiliaria, a cuya cabeza pronto estuvo

Johann Hunyadi era partidaria del rey polaco Vladislav, quien tenía quince años de edad. Esgrimían argumentos de peso. En los últimos diez años, Hungría había perdido todos sus territorios periféricos. Bosnia y Valaquia pagaban tributo al sultán, mientras que Servia estaba en poder de los turcos. Únicamente la fortaleza de Belgrado impedía aún que el enemigo penetrara en el corazón del reino. Ningún ejército europeo había podido derrotar a los turcos hasta ese momento. En vez del pequeño, a cuyo tutor no se le reconocía ningún derecho, se recomendaba el joven rey polaco.

En aquellos tiempos, Polonia era considerada una gran potencia. A partir de su estrecha unión con Lituania, se extendía desde el Oder hasta el Dnieper, comprendiendo, además de su propio centro, ambas orillas del Vístula, Ucrania y vastas regiones de lo que sería el imperio ruso, con las ciudades de Kunsk, Smolensk y Potalva. Carecía de acceso al Báltico, pero lo tenía al Mar Negro: el principado rumano de Moldavia era su vasallo. Unida a Hungría, esta inmensa masa territorial se volvería temible para los turcos. Así lo entendió Vladislav, y su consejero Zbignev Olesnicki, obispo de Cracovia, humanista y piadoso cristiano, quien reforzó su opinión. Hungría y Polonia juntas expulsarían a los turcos de Europa, liberarían Constantinopla y obligarían a la Iglesia Ortodoxa rusa a aceptar el catolicismo.

Además de estos objetivos, en realidad ilusorios, había que encargase de la política más inmediata. El compromiso contraído con grandes esfuerzos, de estudiar la posibilidad de casar a Isabel, de 16 años, con Vladislav, y de reconocer el segundogénito como sucesor quedó roto. Acto seguido, Isabel jugó sus cartas a tumba abierta: reclamó para su hijo Laislao Pústumo, nacido en febrero de 1440, todo el poder que había sido de Alberto. El 15 de mayo lo mandó coronar; la corona de Stephan, que era necesaria para la ceremonia, la había retenido Isabel justo a tiempo. El 17 de julio, Vladislav también tomó la corona, aunque debió conformarse con una diadema sustitutiva.

En suma, en el verano de 1440 habían tres ejércitos en suelo húngaro. El que representaba a Isabel luchaba contra las tropas húngaro-polacas de Vladislav, mientras entraba Murad II en el sur de Hungría y rodeaba Belgrado. Paralelamente continuaban las acciones del saqueo en Transilvania, al tiempo que bandas turcas llagaban hasta el Adriático.

Se rompió la defensa local al sur de Hungría. Hordas de jinetes turcos se diseminaban por todas las tierras, incendiando aldeas, saqueándolo todo y procurándose un amplio botín humano. Belgrado se sostenía a duras penas.

> *Murad organizó la instalación de minas, trincheras y accesos a la fortaleza. Ordenó por lo tanto cavar, y habrían tomado Belgrado de no ser por un cristiano quien avisó a los defensores por medio de una misiva atada a un dardo. Cuando el comandante Vranas se hubo enterado, envió hacia el exterior una contramina, halló bajo la tierra la mina de los turcos y encendió la pólvora. Se dice que 17,000 turcos murieron quemados por esa mina.*

El territorio adyacente perdió la tercera parte de su población. Los turcos hicieron tantos prisioneros que "se podía comprar una bella joven por un par de botas".

Si se compara el caos que reinaba al sur de Hungría con el estado en que se encontraba Valaquia, no se puede menos que emitir una opinión favorable al principado. Sin embargo, como Valaquia se convertía poco a poco en la zona de avanzada del ejército turco, el espacio de la política exterior de Vlad Dracul se reducía siempre más; igualmente, cuanto más demostraba el reino húngaro su incapacidad para defenderse de los turcos, más se veía obligado Vlad Dracul a colaborar con ellos. Si se consideran los dos axiomas fundamentales de su política, el mantenimiento de la independencia valaca y su dominio, a Vlad Dracul le habría sido mejor apoyar a la débil Hungría. No podía valorar debidamente el extraordinario éxito militar de los turcos: ¿Sabía acaso si el sultán pretendía incorporar plenamente a Valaquia, como una provincia, al Estado turco, con la consecuente pérdida de su estructura política autónoma, tal como le había sucedido a Bulgaria y le ocurría ahora a Servia? Vlad Dracul no se fiaba del sultán, y menos de Murad II.

Para estar seguro de su lealtad, Murad le pidió a dos de sus hijos como rehenes. El príncipe envió a Vlad Draculea y a su tercer hijo, Radu, cinco años más joven. Al mayor, Mircea, lo conservó a su lado.

Por lo tanto, Vlad Dracul tenía buenos motivos para seguir de cerca, y con gran interés la guerra de la nobleza húngara. La facción de Vladislav se impuso. Hunyadi, a quien se le debía esta victoria, fue nombrado voivoda de Transilvania y capitán general de Belgrado. Su cometido era ahora reorganizar la defensa contra los turcos, creando los preparativos para una contraofensiva. En septiembre de 1441, rechazó con éxito un ataque turco a Belgrado, ocasión en la que los turcos sufrieron importantes bajas.

Vlad Dracul tenía ahora un vecino muy activo. No importaba demasiado, pues, que llegado el caso, mantuviera con él un prudente contacto. En noviembre de 1441, Hunyadi se encontró con Vlad Dracul en Tirgoviste. Al parecer, Hunyadi intentó persuadir al voivoda valaco de la necesidad de una política declaradamente antiturca. Vlad Dracul se mostró escurridizo, manteniéndose a la expectativa. De sobra conocía el poderío de la fuerza militar turca, pues ellos controlaban en varios puntos las confluencias en ambas márgenes del Danubio. A Vlad se le ocurrió de pronto que los jinetes turcos muy bien podían llegar a Tirgoviste en cinco o seis días, y, por lo demás, debía tener en cuenta el cautiverio de sus dos hijos, rehenes de los turcos. En cuanto a Hunyadi, el tiempo lo diría; finalmente, Vlad Dracul no se comprometió a nada.

Las condenas de Tepes eran igual para todos, sin distinción de raza, religión, clase social o casta.

En la primavera de 1442, el *beg* de Vidin, Mezid, penetró sorpresivamente en Transilvania con 16,000 hombres. Hunyadi, quien, en tan breve tiempo no pudo reunir un ejército importante, fue derrotado, pero, habiendo incorporado también a campesinos a sus fuerzas, consiguió reunir en cuatro días una nueva tropa con la que venció a los turcos. Su capitán cayó en la batalla. Los húngaros se apoderaron por completo del campamento turco.

Sobre Vlad Dracul recayó la grave sospecha de haber al menos tolerado la empresa del *beg* Mezid. De otro modo, ¿cómo habrían llegado tan rápido a Transilvania? Una vez más, Hunyadi consiguió hacer plausible su política y, cuando la expedición turca llegó, en agosto de aquel mismo año, encontramos ya a Vlad Dracul del lado húngaro, aunque corriera la voz de que Hunyadi no sintiera por él la más mínima confianza.

Esta vez Valaquia fue escenario de la guerra. Murad II estaba definitivamente harto; había dado instrucciones a su general, Sechabeddin de conquistar de una vez por todas Valaquia y Transilvania. El ejército reunido para tal fin estaba bien pertrechado y se componía de 40,000 guerreros. Sechabeddin había tomado todas las precauciones. Antes de dedicarse a Transilvania y a Hunyadi, convenía asegurarse militarmente a Valaquia como base de operaciones. Pero él cometió un error decisivo: envió al grueso de la caballería y gran parte de la infantería a que devastaran el país, permaneciendo él junto con sus tropas restantes en un campamento fortificado. Esto le brindó la oportunidad de Hunyadi de sorprender a los turcos con un pequeño destacamento de 10 a 15,000 hombres que había escondido en las montañas. Aquella fue una victoria arrolladora. Sechabeddin escapó por muy poco. Los húngaros se apoderaron de 200 banderas y la caja de guerra. Cinco mil turcos fueron hechos prisioneros. La victoria en esta batalla del 6 de septiembre de 1442 reforzó el prestigio de Hunyadi, como comandante extraordinariamente hábil. Asimismo, marcó un nuevo rumbo en la política de Vlad Dracul. A partir de entonces, no tuvo más remedio que jugar la carta húngara. Pronto habría de saberse si le serviría de algo.

3

Un amigo del poniente

Eran los éxitos de Hungría, en Valaquia y ante Belgrado, cuando la frontera del Danubio pudo considerarse momentáneamente asegurada. De cualquier manera, Hunyadi no se hacía ilusiones. Las victorias ganadas no eran significativas y sólo servían para desarrollar una estrategia puramente defensiva. De ningún modo se había anulado la capacidad de los turcos para sostener una guerra prolongada y desmoralizante en la zona fronteriza húngara, como tampoco la derrota de Sechabbedin había paralizado sus otras actividades bélicas. Además, había que pensar que el tiempo trabajaba a favor de los turcos. En los últimos diez años su reino se había incrementado en importantes territorios; al consolidar estas anexiones, la cuestión del poder en los Balcanes se había decidido a su favor.

Así lo vio también el cardenal Giuliano Cesarini, nuncio apostólico ante la corte húngara. El concilio de Florencia, deseado por las dos Iglesias cristianas, había previsto en 1439 una unión eclesiástica. Los bizantinos habían consentido a este sometimiento *de facto* al primado de la Iglesia católica romana sólo porque esperaban de ella una ayuda política y militar. La promesa debía cumplirse entonces. Cesarini ofreció una Cruzada, porque estaba seguro de que podría movilizar a toda Europa contra los turcos. El primero de enero de 1443, el papa Eugenio IV dio a conocer la correspondiente convocatoria.

Para comprender la estrategia de Hunyadi al año siguiente, hay que colocarse en una perspectiva más amplia, no exclusivamente centrada en el ámbito del Danubio.

A pesar de la armonía y la fuerza combativa del reino turco, éste no había conseguido controlar debidamente hasta entonces dos aspectos. El primero consistía en la conquista de Constantinopla, la capital del reino bizantino, que, alrededor de 1440, no comprendía mucho más que esa ciudad, el Peloponeso y algunas islas del mar Egeo. Estos restos de lo que antaño fuera el poderoso Bajo Imperio Romano carecían ya de espacio político. La ciudad estaba amenazada por turcos y totalmente rodeada por territorios bajo la jurisdicción del sultán; sólo la salida al mar permanecía abierta. En épocas de crisis, cuando las relaciones turcobizantinas empeoraron y la ciudad tuvo que soportar un asedio, las tropas y las provisiones eran transportadas por barco. Esto era posible porque los turcos no disponían de una flota. Para mayor satisfacción de las ciudades marítimas de Venecia y Génova, que competían entre sí y desarrollaban en esta área una buena parte de su comercio, los turcos no habían desarrollado fuerza marítima.

Los venecianos eran considerados en aquella época como la primera potencia marítima al este del Mediterráneo. Protegían sus rutas comerciales con puertos fortificados, guarniciones y bases; controlaban la costa dálmata, las ciudades de Cattoro y Durazo, las islas jónicas, Creta, las Cícladas y Eubea. Las posesiones del sur de Grecia completaban su imperio colonial.

Los genoveses, que trataban de compensar su posición más débil por medio de una mayor ductilidad diplomática, estaban más directamente expuestos a una intervención turca. Sus posesiones estaban situadas, o bien en la inmediata vecindad de la costa del Asia Menor —Lesbos, Samos, Quíos—, o bien en la propia Asia Menor —Fokaia,

Amasra, Samsun—. A los genoveses no les interesaba el comercio en la región del Mar Negro. Poseían colonias en Crimea y en el Mar de Azov. Akkerman, en la desembocadura del Dniestr, era su base de apoyo para el comercio con el principado rumano. El emperador de Bizancio había cedido a ambas ciudades marítimas sendas zonas propias en Constantinopla.

Además de Génova y Venecia, a las que, en el siglo XV, bien podían considerarse como potencias en virtud de que sus ingresos alcanzaban holgadamente los de Francia o España. Existían otras ciudades más pequeñas, todas ellas demasiado insignificantes como para poder desempeñar el papel de aliadas. Entre la costa del Adriático y Turquía, se hallaban los pequeños principados albanos independientes, comprometidos entre sí en interminables querellas, que, por un lado, hacían la corte a los turcos, y por otro se volvían contra sí mismos. En Atenas había un florentino, Nerio Acciaiuoli II, quien gobernaba como duque de Atica y Beocia. Desde 1303, la orden de Caballeros de San Juan se había establecido en Rodas y algunas islas adyacentes, y ellos se dedicaban al saqueo en las tierras firmes del Asia Menor y a la piratería. Totalmente al este había quedado una última base desde la época de las Cruzadas: el reino de Chipre, gobernado por la familia francesa de los Lusignan.

Estos remanentes del poder cristiano bizantino ya no ofrecían peligro alguno de intervención activa, mas no podía despreciarse su valioso carácter de base de apoyo. Al poseer Constantinopla, la cristiandad disponía de una ciudad fortificada en el centro del imperio turco. Desde Segismundo los políticos húngaros de los Balcanes creían firmemente que, si se quería expulsar a los turcos de Europa, bastaba con enviar un ejército cristiano a Constantinopla, Si se alcanzaba alguna vez la ciudad, las flotas veneciana y genovesa, gracias a sus rutas marítimas aseguradas, no tendrían dificultad en brindar refuerzos y bloquear los estrechos.

Pero no había tiempo que perder. Cada año desperdiciado reforzaba la presión turca. Se decía que Murad II no tenía, de hecho, interés alguno en conquistar Constantinopla, pero todos sabían de la existencia de una facción muy fuerte en la corte del sultán que no se cansaba de insistir en que la persistencia de una Constantinopla cristiana podía conducir, tarde o temprano, al doble intento de liberar la ciudad y destruir a la vez el imperio turco en Europa.

Hunyadi consiguió atraerse finalmente la confianza de los príncipes turcos de Anatolia Oriental, cuyos intereses armonizaban de tal modo con los de Hungría que pasaron a ser aliados incondicionales. Estos principados independientes corrían siempre más el peligro de ser asimilados al dominio del sultán. Si la planeada campaña militar se desarrollara, aunque sólo tuviera éxito a medias, suscitaría, en todos estos principados situados en la frontera oriental de Turquía la misma inquietud. El principado de Karaman, dominado por el *beg* Ibrahim, era especialmente conocido como un enemigo feroz de los otomanos.

El tiempo apremiaba también por razones de política interna. No podía calificarse tan sencillamente a los turcos de bárbaros, como lo subrayó Enea Silvio Piccolomini, quien fue más tarde el Papa Pío II:

> *El pueblo enemigo de nuestra fe carece de toda pureza y santidad. Destruirá y profanará la noble Iglesia... Se trata de hombres absolutamente salvajes, enemigos de la decencia y la educación... El pueblo se abrió paso por entre la barbarie de los escitas y, de acuerdo con la opinión de un cronista, se estableció tempranamente más allá del Mar Negro y de las montañas transcaucásicas. El pueblo no es honrado, es experto en toda suerte de impudicias y prostituciones, adora los burdeles y devora todo lo espantoso; no conoce el vino, ni el cereal, ni la sal...*

El texto anterior se refiere a Bosnia. La parte oriental del reino estaba ocupada por los turcos. En la parte occidental, el rey Tvartko mantenía buenas relaciones con Hungría, Venecia y la ciudad libre de Ragusa. Prosperaba el comercio de la plata y los esclavos. Bosnia misma era fuente de estas "mercancías", pero la mina de plata era monopolio extranjero, y en la caza de esclavos participaban, además de los comerciantes de las ciudades costeras, nobles del país, así como "cruzados" húngaros que viajaban ocasionalmente. De preferencia se esclavizaba a mujeres jóvenes entre diez y treinta años, si bien también constituía un floreciente negocio el comercio de niños. Sin excepción, los esclavos provenían del campesinado. Por supuesto la esclavitud era legal, y la Iglesia Católica recibía su parte en metálico sin mayores contradicciones morales, pues se calificaba a los esclavos como "herejes". Los campesinos bosnios, cuya mayoría pertenecía a la herética secta de los *bogomilos* eran, por tanto, sujetos de esclavitud. Sin embargo, el que no era bogomilo podía ser acusado de serlo, con lo que se encontraba la justificación de reducirlo a la esclavitud. En estas circunstancias, no es de extrañar que se extendiera por el territorio un sentimiento de simpatía hacia los turcos, al menos en el lado donde éstos dominaban, pues ellos garantizaban la libertad de culto, aún cuando no cumplieran su promesa de suprimir la esclavitud.

Bosnia tenía una importancia decisiva como base de operaciones. Estando en poder de los turcos podía sorprender a Hungría por el flanco, separarla del Adriático, avanzar contra Venecia e incluso invadir Austria.

Hunyadi adoptó la técnica del aislamiento. Nada se lograba con esperar. Siete años más tarde, le formuló al Papa Nicolás V su principio ofensivo en una carta:

> *Hasta ahora sólo hemos luchado por la defensa de nuestras fronteras; al presente permaneceremos en casa, dejando descansar las armas, y diríase que estamos invitando al enemigo a penetrar en el país.*

El ejército cruzado de Vladislav, conducido en verdad por Hunyadi, partió de Buda en julio. Cesarini no había podido mantener su promesa. Ningún estado europeo se dejó entusiasmar por la guerra contra los turcos. Federico III también se había negado. No tenía el menor interés de ver al reino húngaro-polaco bajo el límite del que el optimista Cesarini aseguraba:

...que no sólo protegería al reino y sus fronteras, sino que se extendería hasta el Helesponto y el Egeo.

Por lo tanto, sólo acudieron unos pocos cruzados de las Europas occidental y central. Las reservas húngaras y polacas formaron el grueso del ejército, y se añadieron tropas auxiliares de los territorios vasallos de Bosnia y Valaquia. Georg Brankovic, que deseaba apoderase nuevamente de Serbia, ofreció también un contingente. Hunyadi modernizó el ejército mediante la contratación de mercenarios checos, mismos que trajeron consigo los carros de combate que habían sido probados en las batallas contra los husitas.

Que Vlad Dracul no apareciera en persona, y sólo se le enviara a Hunyadi un pequeño contingente, compuesto de entre tres a cuatro mil hombres, se explica por el rumbo cauteloso que consideraba debía seguirse. Si la cruzada desembocaba en una derrota, los turcos se le echarían encima irremisiblemente. Por otra parte, pensaba una vez más en sus hijos. Hasta entonces, y a pesar de su orientación política, no les había hecho daño alguno. Vivían sin penalidades en Emed, Nifaion o Adrianápolis —faltan indicaciones precisas—, donde se entrenaban en la lengua y los usos turcos, familiarizándose con la técnica de las armas.

Fue hasta mediados de octubre que el ejército cristiano, de 35,000 hombres, cruzó el Danubio. Conscientemente se decidió Hunyadi por la campaña invernal, absolutamente inesperada. También procedió de un modo poco convencional al pasar de largo frente a las fortalezas turcas de Samedria y Vidin. En varias escaramuzas venció a los comandantes turcos locales. A finales de octubre estaba ya en Nis, donde esperaba a Kossim, el gobernador del sector europeo del imperio otomano, con su ejército. Kossim fue derrotado el 3 de noviembre, dos mil turcos murieron y 4,000 fueron hechos prisioneros. Erner Silvo escribía:

> *...existe la esperanza de que la victoria en esta región traiga aparejados importantes cambios desfavorables a los turcos, y de que caigan muchos de los que aún los obedecen.*

A comienzos de diciembre el ejército cristiano llegó a Sofía. Hunyadi estaba firmemente decidido a avanzar hacia Adrianópolis, la capital del Reino Otomano europeo. Sin embargo, los pasos que conducían a la llanura tracia estaban ocupados por los turcos. Las rigurosas condiciones climáticas —tormentas de nieve e intenso frío— obraron como agravante. Los turcos habían hecho intransitables los caminos por la Puerta Trajana mediante el riego con agua. Hunyadi intentó abrirse camino más allá del norte, por el valle de Topolniza. Aquí, Murad II dirigió personalmente la defensa. Hunyadi no pudo romper las posiciones turcas, como tampoco los turcos consiguieron un éxito en el contraataque. Pero, como se declararon epidemias y empezaron a escasear los víveres, el jefe húngaro ordenó el regreso. Los intentos turcos de cortarle la retirada fracasaron con numerosas pérdidas.

El 2 de febrero de 1444, Huyadi y Vladislav entraron nuevamente en Buda, los esperaban embajadores de toda Europa para expresarles sus felicitaciones. Se esforzaron por convencer a Vladislav de continuar la campaña. Para esta ocasión se ofrecieron subsidios y tropas. Especialmente el Papa, los venecianos y los genoveses prometieron equipar una flota, cuya misión, en caso de guerra, sería la de desarticular la unión entre el sector europeo y el asiático con el reino otomano.

Mientras en ejército húngaro marchaba desde su victoria en Nis hacia Sofía, un musulmán, llamado *beg* Iskender, huyó de Adrianópolis. Este hombre, que en otros tiempos había recibido el nombre de Gorg Kastriota y había sido bautizado como un cristiano, pasó a ser durante 25 años un problema para los turcos y un aliado de Vlad Draculea.

Cuando Vlad Draculea tenía sólo 12 años, Kastriota tenía 40; pero se conocían bien, pues el niño había tomado como modelo al hombre mayor. Kastriota también había llegado a la corte del sultán como rehén. Su padre, un pequeño príncipe albano, tuvo que cederlo para conservar su dominio. Kastriota hizo carrera al servicio de los turcos. Se convirtió al islamismo, recibió un feudo, un mando militar y el nombre de *beg* Iskender. Pero, como a la muerte de su padre, en 1442, no se le concedió el principado, sino que éste fue parcelado en feudos, se enfrió su relación con Murad II, quien, por lo demás, lo tenía en gran estima.

Finalmente, Kastriota huyó de la corte, pero no lo hizo solo, sino que se hizo acompañar por una escolta de 3,000 albaneses. Hacia finales de noviembre llegó a las puertas de Kruja, base turca en Albania; ahí entregó un documento firmado por un falso capitán y fue admitido; ya dentro de la guarnición se apoderó con facilidad de ella, se desprendió de su nombre turco, se reconoció como cristiano e hizo un llamamiento contra el gobierno turco. Durante un año organizó la lucha defensiva. Los pequeños príncipes aceptaron su soberanía y con ellos logró reunir un ejército de entre 10 y 20,000 hombres.

> *Cuando el sultán Murad se enteró, envió un mensajero para que convenciera a Kastriota de regresar, prometiéndole dispensarle honores aún más altos. Pero él envió la respuesta: "Mientras yo sea Georg y tú Murad, no volveré a ti; pero cuando tú seas Georg como yo* (lo que puede tomarse como la paridad de poderes, o bien que Murad tuviera un nombre cristiano), *entonces*

volveré y tú estarás a mi servicio" Cuando el sultán Murad escuchó esto, estalló en improperios contra él.

Estas tropas no bastaban para una batalla campal abierta, pero eran perfectamente aptas para una acción de guerrillas en los desfiladeros y las montañas albanas.

La cohesión contra el enemigo exterior se puso a prueba en junio de 1444. Kastriota derrotó al ejército turco de ocupación y extendió su dominio más allá de Albania. Al mismo tiempo entabló contacto con Vladislav, ofreciéndole su colaboración para una eventual guerra contra los turcos.

El rey y su general, Hunyadi, intercambiaron opiniones sobre este asunto con las potencias occidentales y la nobleza húngaro-polaca. La prolongada campaña había demostrado que era posible vencer a los turcos. Por otra parte, no se habían alcanzado los objetivos bélicos, y el ejército cristiano se había visto seriamente dañado. Así que tanto la nobleza polaca como la húngara rechazaron rotundamente el plan de seguir con la guerra. Aún así, los nobles húngaros no estaban obligados a tomar las armas por una guerra que no se habría llevado a cabo en el territorio del reino. El rey era muy libre de combatir a los turcos, pero era un privilegio de la nobleza el negarse a acompañarlo. El verdadero motivo radicaba, por supuesto, en que a los nobles no les interesaba en lo más mínimo incrementar el poder de los advenedizos y de la autoridad real. El objetivo por el cual la nobleza había celebrado la unión húngaro-polaca, finalmente se había alcanzado, pues los turcos se habían debilitado y se había alejado la amenaza inmediata; eso era más que suficiente. Si al rey se le antojaba seguir la guerra en estas circunstancias, era asunto suyo.

En el verano de 1444, imperaba la siguiente situación: además de los territorios vasallos de Bosnia, Servia, Valaquia y Moldavia, con sus pactos de apoyo, sólo el Papa, los venecianos y el duque de Borgoña habían iniciado una moderada política de rearme tendiente a la creación de una flota de bloqueo, lo que se consideraba indispensable. Los albanos de Kastriota acudieron como nuevos aliados. Hunyadi se mostró dispuesto a solventar la contratación de mercenarios y reclutó más tropas en su voivodato de Transilvania; pero poco después manifestó su oposición a continuar la guerra. Según su opinión esas fuerzas no bastarían para derrotar a los turcos.

Entretanto, el sultán proponía un trascendental acuerdo de paz. Ofrecía desocupar Bosnia y Serbia, reconocer la soberanía de Hungría en Valaquia y prometía pagar una multa de cien mil gulden. El acuerdo, que tenía una validez de diez años, era sumamente favorable. La larga campaña militar no había podido expulsar a los turcos de las tierras vasallas. Las fortalezas seguían, como antes, en poder de los turcos, al igual que las confluencias fortificadas sobre el Danubio, situadas en la región Valaca.

Murad II tenía fundadas razones para hacer semejante propuesta. La campaña cristiana podía no haber producido resultados concretos, pero de ninguna manera había que despreciarla como factor psicológico positivo para todos los enemigos del Reino Otomano. Al este, el beg Ibrahim de Karaman había invadido las provincias anatolias del sultán; al oeste era preciso precaverse contra los albanos. Incluso los bizantinos, aprovechando la nueva situación, procuraban aumentar sus posesiones en Grecia a costa de los aliados turcos y construyeron con sumo esmero una gran muralla sobre el istmo de Corinto, el llamado *hexamilion*. En esas condiciones, Murad necesitaba calma, al menos en el frente húngaro, para poder acabar con esas amenazas.

A finales de junio llegaron los embajadores turcos a la corte de Vladislav, la asamblea y Hunyadi recomendaron la firma del tratado de paz. El primero de agosto Vladislav firmó el pacto. Tal como estaba acordado, los turcos comenzaron la desocupación de Serbia, mientras el sultán cruzaba los estrechos para derrotar, en primer lugar, al beg Ibrahim.

El cuatro de agosto, luego de que Cesarini lo convenciera, señalándole con urgencia que, en tanto que guerrero de Cristo, estaba obligado a una misión común a toda la cristiandad, Vladislav se decidió a violar el tratado de paz, anunciando que marcharía contra los turcos aquel mismo año.

El déspota de Serbia no fue el único en intentar disuadirlo. Hasta el último momento, Hunyadi procuró inducir al rey a que cumpliera con el acuerdo. Pero Cesarini —a quien se le reconocía como un gran orador— y los intereses del Papa lograron imponerse. El cardenal se remitió a la momentánea debilidad turca y a la fortaleza de la flota papal-veneciana. Si ésta conseguía bloquear los estrechos, el ejército turco que luchaba en Anatolia contra Ibrahim no podría acudir a Europa para levantar el asedio. Para quitarle el cargo de conciencia a este rey de 19 años, tan sólo a medias convencido, deshizo el solemne juramento que Vladislav había pronunciado frente al sultán sobre la Biblia, mediante la fórmula usual según la cual los contratos con impíos eran nulos y carecían de valor.

La retórica de Cesarini convenció al rey, pero no surtió efecto en la nobleza. El ejército que, a comienzos de septiembre, se reunió en Orsova, contaba apenas con diez mil hombres. Georg Brancovic se negó a tomar parte en la guerra, pues no tenía el menor interés en poner en juego a Serbia, reconquistada con tanto esfuerzo, y fue a tal punto neutral que le prohibió el paso a Kastriota, quien quiso apoyar a Vladislav con tres mil jinetes.

El ejército del rey marchó aguas abajo por el Danubio. A las puertas de Nicópolis debía reunirse con las tropas enviadas por Hunyadi desde Transilvania y con la dotación de Vlad Dracul. Llegó ahí a mediados de octubre. Vladislav no había podido evitar que, sobre la marcha, se produjeran más desmanes que los habituales. El entusiasmo de la población por el ejército cristiano quedó mermado debido a que Cesarini autorizaba sistemáticamente el saqueo y la destrucción de las iglesias ortodoxas "cismáticas". El hecho de que en estas regiones se sospechara incluso de otros herejes justificó ese mismo año el nombramiento de un *Inquisitor haereticae*, quien no sólo estaba destinado a Bosnia, donde el mal reinaba a la luz del día, sino también a Moldavia y a Valaquia.

Hunyadi apareció ante Nicópolis con cinco mil hombres. Su marcha a través de Valaquia despertó toda clase de protestas, mismas que el carácter de Vlad Dracul no contribuyó a acallar.

El voivoda reunió a cinco mil hombres armados y se instaló personalmente en el campamento militar. Él había tomado parte en el consejo de guerra, donde se había decidido que, contrariamente al año anterior, el ejército debía avanzar a lo largo de la costa del Mar Negro, en coordinación con la flota cristiana, para abastecerse de ella o dejarse transportar. Finalmente se impuso la estrategia de Cesarini.

Vlad Dracul en ningún momento quiso aceptarla; en el consejo de guerra se opuso firmemente a continuar la campaña. Al príncipe de Valaquia no se le podía negar competencia. Explicó claramente y sin rodeos que un ejército de veinte mil hombres era insuficiente "...ya que el emperador turco lleva consigo a más personas cuando sale de caza". Esta observación provocó la ira de Hunyadi, quien acusó a Vlad Dracul de colaborar con los turcos. Como respuesta a esta afrenta personal, Vlad empuñó su daga. A duras penas consiguieron separar a los adversarios, y Vlad fue condenado al pago de una multa. Este episodio no quedó sin consecuencias. Vlad Dracul renunció a participar personalmente en la campaña; en su lugar, su hijo Mircea asumió el mando del ejército Valaco. Éste se puso en marcha y en Warna la costa del Mar Negro.

La flota cristiana, considerada imprescindible desde el punto de vista estratégico, se encontraba en los Dardanelos, sin poder decidirse a una intervención activa. Por una parte, no era tan numerosa como hubiera debido serlo para controlar todas las vías marítimas, pues contaba sólo con diecinueve barcos. Por otra, desde mediados de septiembre, los venecianos se habían propuesto secretamente poner las cosas en claro ante el sultán. Por este motivo, el espíritu de lucha de los comandantes venecianos no era muy brillante. Murad, quien avanzaba marchas forzadas desde Anatolia y estaba muy bien informado, se dirigió hacia el Bósforo, donde lo esperaban barcos genoveses que transportarían sus tropas a Europa a cambio de una suculenta paga.

Murad atravesó sin dificultades el estrecho y se reunió con sus tropas europeas. Aprovechando la sorpresa rodeó al ejército cristiano que marchaba hacia el sur y se le presentó de súbito en la retaguardia. Con ello evitó una retirada hacia el norte y forzó la batalla. Su ejército era tres o cuatro veces mayor que el cristiano.

El sultán consideró la batalla como un juicio de Dios. Cuando el 9 de noviembre de 1444, los ejércitos estuvieron listos para la batalla, entre las huestes turcas podía divisarse una lanza atravesando el acuerdo de paz violado.

El inteligente Hunyadi hubiera podido decidir la batalla en Warna a favor de los cristianos; sin embargo, un error táctico de Vladislav, quien, deseoso de conquistar para sí la gloria, ordenó un ataque clásico de caballería. El rey cayó en la lucha, y su cabeza fue alzada sobre una pica en señal de triunfo. El pánico cundió en el ejército cristiano y los intentos de Hunyadi por continuar la batalla no prosperaron.

Las pérdidas fueron elevadas por ambas partes; pero las de los turcos doblaron a las de los cristianos. Muchos jefes, entre ellos Cesarini, encontraron la muerte. El ejército cristiano regresó al Danubio totalmente abatido.

Los cronistas húngaros y polacos, que por otra parte se hallaban enemistados, coincidieron sin embargo en la necesidad de encontrar un culpable para esta derrota, que seguramente hubiera podido impedirse, y que fue causada por la ruptura de un acuerdo, por un cálculo erróneo y una buena dosis de ambición. Todos coincidieron en que los rumanos, encabezados por Mircea, eran los mayormente culpables, pues según la acusación, cuando la batalla aún no estaba decidida, ellos habían abandonado sus puestos para decidirse a saquear el campamento turco.

En realidad, eso no era cierto; el campamento turco no pudo ser saqueado por la simple razón de que no lo habían conquistado. El príncipe Mircea tan sólo había decidido renunciar a una muerte heroica, poniéndose a salvo en Valaquia junto con sus tropas, relativamente intactas.

4

La caída de Vlad Dracul

Tras haber perdido la batalla de Warma, Hunyadi huyó a Valaquia con una pequeña comitiva. Vlad Dracul lo hizo apresar de inmediato, lo cual, desde el punto de vista de una descripción histórica parcial, se interpreta sencillamente como una traición. Los intereses de Hungría no coincidían con los suyos. El príncipe demostró el arte del gesto político. Con la captura de Hunyadi señalaba tan sólo que había comprendido el significado de Warna; los turcos, sin duda, continuaban en Europa, mientras que el desarrollo de la política interior del reino húngaro seguía siendo dudoso. Con la muerte de Vladislav se disolvió la unión polaco-húngara, con lo que quedaba abierta la pregunta de quién sería rey de Hungría. Con su actitud, el voivoda manifestaba su disposición a convertirse por el momento en un aliado fiel de ese poder cada vez más fuerte, a fin de que se le dejara en paz a él y a su principado.

El sultán se mostró indiferente. Luego de su victoria, dio media vuelta hacia el sur y sometió, en una rápida campaña, la región bizantina del Peloponeso. En su lugar, apareció en Valaquia una misión húngara, que, con duras palabras y amenazas, exigió la liberación de Hunyadi. De este modo, Vlad Dracul tenía lo que deseaba: una inequívoca declaración de voluntad imperialista. Él acompañó personalmente al general húngaro hasta la región transilvana y, al despedirse, le entregó exquisitos regalos, como si nada hubiera pasado.

En el verano de 1445, cuando por lo menos el sector borgoñés de la "flota de bloqueo" hizo su entrada en la desembocadura del Danubio y Hunyadi partió de Hungría con un pequeño ejército, Vlad Dracul aprovechó los refuerzos para conquistar la importante ciudad de Giurgiu, que controlaba las rutas hacia Bucarest y Tirgoviste.

A pesar de este éxito marginal, las cosas iban muy mal para la causa cristiana. Las esperanzas que se habían despertado con la prolongada campaña, finalmente se habían disipado. La unión de Polonia y Hungría había dejado de existir; la nobleza húngara estaba dividida, y sólo a costa de grandes esfuerzos pudo volver a aglutinarse, gracias a la autoridad y tenacidad de Hunyadi. El frente antiturco se desmoronaba. Las ciudades marítimas se afianzaban en su política de distensión y se sentían poco motivadas para afrontar riesgos en su comercio con el Egeo y el Mar Negro. Georg Brankovik, cuyos territorios le habían sido arrebatados por los partidarios de Hunyadi, se orientó hacia una política de amistad con los turcos; los bizantinos pagaban tributo, y el *beg* Ibrahim de Karamania debió firmar un tratado de paz con el sultán. Con excepción de Albania, los turcos quedaron como vencedores absolutos, impidiendo el cerco amenazador. El estado otomano se hacía cada vez más fuerte.

El ánimo abatido de Occidente no se debía tan sólo a la derrota sufrida momentáneamente; también se debía a la perspectiva de una fuerza expansionista duradera en el reino otomano. Al parecer, no había posibilidad alguna de detener el avance turco. Los contemporáneos se sentían testigos oculares de un cambio desastroso. Exactamente doscientos años antes, Jerusalén había caído definitivamente en poder de los infieles, y desde entonces su poder había ido en aumento de una manera incontenible, tanto que parecía el fin del mundo cristiano.

En 1446, los turcos enviaron una misión a Valaquia que informó al príncipe del buen estado de salud de sus hijos, ofreciéndole un pacto de alianza que le concedía Giurgiu, pero asegurándose su adhesión al reino otomano de un modo inequívoco; Vlad Dracul debía abstenerse de toda acción militar contra el sultán, tenía que pagar tributo y ordenar la extradición de más de cuatro mil búlgaros que, en 1445, habían sido trasladados por Hunyadi desde las regiones turcas a Valaquia. Vlad Dracul aceptó esas condiciones.

La reacción de Hunyadi no fue inmediata; fue hasta noviembre de 1447 cuando marchó con su ejército por los pasos de los Cárpatos, tras haber entablado previo contacto con la facción prohúngara de los boyardos valacos. Hunyadi rechazó toda negociación, Vlad Dracul reunió tropas y se alistó para la batalla.

La conducta del general húngaro es comprensible, dada la tensión de sus relaciones con el voivoda valaco. La actitud del príncipe en la cuestión de la alianza, su apoyo a medias sincero en las campañas húngaras y finalmente la oposición abierta de 1444, seguida de la detención de Hunyadi tras la batalla de Warna, no eran por cierto medidas muy apropiadas para suscitar una buena amistad. Por lo tanto, sería falso querer interpretar la acción se Hunyadi como una campaña puramente vengativa, pues su objetivo último era organizar una nueva campaña contra los turcos. Luego de las experiencias de los últimos años, él debía partir del hecho de que la ayuda occidental, gustosamente prometida, quedaba, como siempre, descartada. Tanto más urgente era entonces la necesidad de eliminar los riesgos posibles en el propio ámbito de poder. Como no podía confiar en el apoyo de Vlad Dracul, Hunyadi deseaba esta vez un mayor apoyo militar.

Vlad Dracul fue derrotado, pero pudo escapar. Su hijo, Miercea, fue capturado y ejecutado en Tirgoviste. En las proximidades de Bucarest, a tan sólo sesenta kilómetros del

En parte folklor, en parte historia y fantasía, el esbelto conde transilvano de Stoker era una adaptación libre de Vlad Tepes.

Danubio salvador, Vlad Dracul fue apaleado hasta la muerte. Su tumba, si acaso le fue concedida una, nunca se ha encontrado.

El príncipe de Valaquia cayó no tanto porque no fue, ni quiso ser, instrumento de otros, sino más bien por intentar aprovechar para sí y para su país las coyunturas de su época. Había mantenido su política durante doce años, y el hecho de su caída debe atribuirse a la nueva fase del conflicto entre los bloques húngaro y turco. Hasta aquel momento, ambos lados se habían contentado con aprovechar de tanto en tanto a Valaquia para sus planes. Pero entonces, tras la pérdida absoluta de la influencia húngara en la región balcánica, Hunyadi movilizó todas sus reservas. El apoyo incondicional de Valaquia le habría garantizado, más que nunca, los medios indispensables para llevar adelante una guerra: soldados y dinero. Para disponer de ello, habría necesitado un voivoda dócil, condición que Vlad no cumplía de ninguna manera. Con Vladislav II, Hunyadi tenía un príncipe conforme a sus deseos. Al mismo tiempo colocó en Moldavia a un voivoda sumiso. En Kilia, situada en el "territorio tripartita" de Valaquia, Moldavia y el reino otomano, estableció una guarnición húngara para asegurarse la desembocadura del Danubio y ambos principados.

5

El viaje hacia el poder

A comienzos de 1448, llegó a la corte del sultán la noticia del cambio de poder en el principado de Valaquia. Vlad Draculea fue elevado al rango de pretendiente al trono, con el apoyo de Murad II, quien le concedió un título nobiliario en señal de amistosa deferencia. Luego, se dirigió al oeste y atacó a Kastriota.

Tanto Georg Brakovic como los espías húngaros de los que disponía, le informaron durante aquel verano a Murad que Hunyadi había disuelto el cuerpo de caballeros y que, en breve, se pondría en marcha con su ejército. El sultán confió entonces al *beg* local el ataque a Kastriota, regresó a Sofía y reorganizó sus fuerzas.

Lo mismo venía haciendo Hunyadi desde hacía dos años. Del resultado de la guerra no sólo dependía el poderío húngaro en los Balcanes, sino que todos sus planes de política interior estaban en juego. Por este motivo, los preparativos de Hunyadi eran largos y meticulosos, precisamente en virtud de sus experiencias anteriores en la campaña balcánica.

El poder de mando no fue compartido en esta ocasión. Lo secundaron dos hábiles comandantes, sus cuñados Johann von Szèkely y Michael von Szilày. Tan sólo las tropas que correspondían a sus territorios sumaban diez mil hombres; el voivoda de Valaquia le facilitó ocho mi soldados y participó personalmente en la campaña. Este reclutamiento se completó con mercenarios alemanes e italianos, y tampoco faltarían carros de combate checos. Estas tropas de a pie, a sueldo y capaces de enfrentarse a los jenízaros, sumaban en total más de diez mil hombres. Era de esperar que la nobleza húngara, por motivos conocidos, declinara su participación en la guerra contra los turcos, que el nuevo Papa Nicolás V no enviara recursos, que desaconsejara la empresa, y que los aliados occidentales no mostraran interés alguno. Aun así, se añadieron cuatro mil soldados acorazados provenientes de la facción noble de Hunyadi.

Este ejército de 32,000 hombres era, desde todo punto de vista, comparable al de 1443, en su estructura y organización, estaba perfectamente preparado para la lucha contra los turcos. A mediados de septiembre, Hunyadi cruzó el Danubio y le exigió a Georg Brankovic que se adhiriera a la campaña. El déspota consideró escasas las posibilidades de Hungría. Hizo saber que "un ejército tan débil no podía medirse con los turcos, y él temía más a Murad que a los húngaros". Acto seguido, Hunyadi pasó a considerar Serbia como nación enemiga.

Al igual que en 1443, marchó hacia Nis, pero ahora no se dirigió hacia Sofía, donde lo esperaba Murad, sino al sudoeste, hacia Albania, para unirse a las tropas de Kastriota.

Murad ordenó el avance. Mientras él dirigía una marcha forzada, Vlad Draculea cabalgaba con una pequeña fuerza turca en dirección a Valaquia. La ocasión para apoderarse de la herencia paterna era más favorable que nunca. Vladislav II estaba ausente, y el país desprovisto de tropas.

Repitiendo el ardid estratégico de Warna, hacia mediados de octubre el sultán se encontró a espaldas de los húngaros, quienes habían hecho un alto en el Campo de Coscovia (Kossovo Polje) para reponerse de la fatiga.

La distribución del ejército húngaro demostró la capacidad de Hunyadi para comprender y aplicar los nuevos principios de la guerra. A la manera husita, hizo formar los carros de combate sobre una colina dominante y, a sus pies, apostó el grueso de las tropas. Situó además allí parte de la caballería pesada como reserva de ataque. A derecha e izquierda de esta posición estaba el resto de la caballería. Los turcos habían mantenido su habitual formación de batalla, jenízaros en el centro, *sipahis* en los flancos.

La batalla duró tres días. Los turcos, que contaban con el doble de guerreros, rechazaron el ataque de Hunyadi y no se dejaron atraer fuera de su posición defensiva. Un ataque nocturno al campamento jenízaro no tuvo éxito. El problema era que ambas partes habían constituido una formación de lucha defensiva, y Hunyadi debía a toda costa pasar a la ofensiva. El ejército turco lo había separado de sus líneas de abastecimiento, y ya sufrían las consecuencias de la carencia de agua y provisiones. Al segundo día, Hunyadi intentó forzar un desenlace, atacando masivamente el ala derecha turca. Al poder desordenarla, acto seguido envió a toda su caballería pesada contra los jenízaros. Una vez más, la posición de estos se mostró invulnerable. Al atardecer, el ejército húngaro se retiró hacia los carros de combate. Sus pérdidas eran extremadamente graves —unos quince mil muertos—. Por la noche se retiraron las tropas valacas de auxilio, pero ésta no fue la causa de la derrota, de la que una vez más se les haría culpables. Al día siguiente, Hunyadi y el resto del ejército huyeron hacia la frontera, aunque sólo unos pocos consiguieron alcanzar su patria.

La política húngara en los Balcanes llegó a su fin, pero con ello no se eliminaron las consecuencias de este desenlace, especialmente nefasto para Hunyadi. Gran parte de sus seguidores nobles habían caído en Cosovia. En 1449 se le retiró el cargo de voivoda de Transilvania y el título de conde de Szekler. Lo relevaron precisamente sus adversarios políticos: no volvió a hablarse de un poder central en Hungría. Cuando, en 1452, Ladislao Póstumo cumplió la mayoría de edad y se convirtió en Ladislao V, Hunyadi debió renunciar también al cargo de Regente del Reino. Siguió siendo uno de sus consejeros, aunque perdió su posición de privilegio.

Su adversario, Murad, tenía mejor mano. Gracias al apoyo turco, su protegido, Vlad Draculea, penetró en Tirgoviste. Nada se sabe acerca de este primer gobierno de Vlad Draculea, aunque se sospecha que intentó vengar la muerte de su padre y su hermano. Sin embargo, no logró afianzarse en el poder. Vladislav II, quien regresó en noviembre del Campo de Cosovia, volvió a expulsarlo del territorio sin dificultad.

Vlad Draculea viajó durante los ocho años siguientes. Muchos como él podían pretender legalmente una posesión y un dominio de un modo más o menos convincente. Pero poco valían esas pretensiones: necesitaban aliados en el interior y el exterior. Había que poner a prueba su eficacia, firmar compromisos, sacrificar privilegios y poder en función de una y otra parte del país, pensando que más tarde todo podría recuperarse. Aquellos que se mantenían bien firmes en los estribos —el rey o el sultán— utilizaron de buena gana a ese viajero que traficaba con poder. Con él disponían de un medio de coacción permanente que sugiriera a los príncipes vasallos que podía prescindir de ellos, puesto que ya tenían un sustituto.

A pesar de su fracaso, el breve primer gobierno de Vlad Draculea fue todo un éxito para el sultán. Giugiu era nuevamente turca. Vladislav II se sometería a Murad y se convertiría en su tributario. En vano empleó Vlad Draculea sus buenos conocimientos de los asuntos de la corte turca y conferenció con visires y con el heredero del trono, Mehmed, quien había nacido en 1432, siendo casi de su misma edad, el príncipe de Valaquia en aquel momento era de poca utilidad.

La perspectiva de suceder a su padre y mantenerse al

servicio del sultán, como Vlad Dracul lo había hecho con Segismundo, evidentemente no satisfacía al hijo. Vlad Draculea se arriesgó a una ruptura con el sultán y se dirigió al principado de Moldavia.

Eligió Moldavia porque tenía ahí unos parientes. Una estancia en Hungría o Transilvania quedaba excluida. El momento para su huida, a comienzos de 1449, fue mal escogido; se supone que Vlad Draculea tenía la intención de solicitar ayuda al voivoda moldavo para sus planes en Valaquia. Esta hipótesis puede considerarse acertada si se tiene en cuenta el ritmo intensivo que el imperialismo feudal iba a asumir en los años posteriores, ya que, en el curso de tan sólo tres años, el principado asistió a la caída del voivoda Pedro, quien había sido colocado por Hunyadi; a la llegada al poder de Alejandro II, protegido de Polonia; a su expulsión por Bognad II por una conjura de nobles.

Se ignora el papel desempeñado por Vlad Draculea en estos conflictos; al parecer peleó del lado de Bogdan, puesto que, luego de que éste muriera, en el invierno de 1451, regresó a Transilvania. De todos modos, puede dudarse de que Vlad Draculea haya efectivamente participado en la legendaria batalla de Crasna, en la que Bogdan acosó con tropas campesinas al ejército de caballeros polacos, de tal modo que estos debieron regresar con graves pérdidas. Pero bien supo extraer enseñanzas de este hecho, pues más tarde pudo aprovechar sus conocimientos de las técnicas bélicas de los turcos.

Vlad Draculea no cabalgó solo por el collado de Borgopass hacia Transilvania, lo acompañó Esteban, el hijo de Bogdan, conocido más tarde como Esteban el Grande (Stefan cel Mare), príncipe de Moldavia. Esteban era seis años menor que Vlad, quien a la sazón tenía veinte años.

La estancia en Transilvania familiarizó a ambos príncipes rumanos con el sistema financiero y la influencia de las ciudades alemanas. Las dos más importantes, Kronstdt (9,000 habitantes) y Hermannstadt (6,000 habitantes) no alcanzaban la población de metrópolis comerciales como Nüremberg o Colonia, que, con 25,000 y 40,000 habitantes respectivamente, eran verdaderas urbes en aquellos tiempos. No obstante, aquellas eran centros comerciales incuestionables, bien afianzados y, desde todo punto de vista, podían en cualquier momento intervenir en los asuntos internos de Valaquia, si la política comercial así lo permitiera. Evidentemente, su eventual ayuda no era nada despreciable.

Vlad Draculea se esforzó por capturar las fuerzas para sí. Desde Kronstadt, cuya situación favorable le permitía entablar contacto con boyardos valacos descontentos, negoció tan intensamente que sus andanzas llegaron incluso a oídos de Hunyadi, en la lejana Buda. De un modo breve y lacónico, éste comunicó al magistrado de Kronstadt que no veía posibilidad alguna de reemplazar a Vladislav II por Vlad Draculea. Ordenó que se le retirara al príncipe la hospitalidad, se le apresara por agitador y se lo expulsara del país. Los de Kronstadt se tomaron su tiempo antes de obedecer a la sugerencia. La carta de Hunyadi data de febrero de 1452, pero todavía en septiembre permanecía Vlad Draculea en el sur de Transilvania.

Con su presencia, que equivalía a una incesante amenaza de intervención, el príncipe valaco no sólo procuró el buen comportamiento de Vladislav II con respecto a las ciudades sajonas, sino que también fue útil como transmisor de información. Al corriente de los secretos de la corte del sultán, pudo aportar grandes enseñanzas. Radu, el hermano menor, aún vivía en Adrianápolis y muy posiblemente conservara antiguas alianzas.

Cabe preguntarse qué se pensaba acerca de Mehmed II, ese nuevo sultán de diecinueve años, que gobernaba al reino otomano desde 1451. En Occidente, reinaba el júbilo y el alivio por la muerte de Murad. Mehmed, quien se mostraba amistoso con las demás potencias y prometía firmar pactos con los estados cristianos, era considerado un joven inofensivo, cuya licenciosa vida sexual lo mantenía muy ocupado. La opinión escéptica del emperador bizantino, Georgios Sphantzes, constituye una excepción:

> *En febrero de 1451 murió el sultán Murad; yo me enteré en Iberia. Al volver a Trapezunt, me dijo el emperador de allí: "Embajador, tengo una feliz noticia que comunicaros; a cambio me daréis un hermoso regalo". Yo me eché a los pies del emperador y hablé: "¡Dios dé larga vida a Vuestra Majestad!; y ahora tendréis a bien darme esa feliz noticia. Pero nada tengo que pueda ser digno de regalar a Vuestra Majestad Imperial". Entonces me informó de la muerte del sultán y de que su hijo le sucedería en el trono. Se mostraba el emperador seguro de que se firmaría la paz entre ellos, como antes entre el padre del emperador y aquella casa. Al oír esto, me callé y sentí un dolor semejante al que hubiera sentido de haberme enterado de la muerte de algún ser muy querido por mí. Entonces dije afligido: "Majestad, no es ésta una noticia agradable, sino sumamente dolorosa". Él preguntó, "¿por qué, estimado amigo?" Y yo le respondí: "Porque el difunto sultán era un anciano, que, si bien es cierto que a menudo había intentado luchar contra nosotros, ya no quería emprender nada más contra nuestros hombres y deseaba convivir en paz. Pero el sultán que ahora vendrá es joven, y desde la niñez enemigo de Cristo, contra el que profiere insultos y amenazas; él dice que, cuando llegue el momento y tenga las riendas del poder en sus manos, aniquilará el reino de los romanos, y todo el reino de Cristo..."*

Los acontecimientos darían la razón a Sphrantzes. Luego de firmar, en 1452, un armisticio de tres años con Hungría, Mehmed decidió de inmediato hacerse digno de los atributos de *Bujuk* (el Grande) y *Fatih* (el Conquistador), realizando en falso las proféticas palabras suscritas por

Mahoma: "Los musulmanes dominarán Constantinopla. ¡Feliz el príncipe, feliz el ejército que la conquisten!".

No se sabe muy bien desde qué posición contemplaba Vlad Draculea los acontecimientos políticos en el reino otomano y en Hungría entre los años 1452 y 1455. Tanto Transilvania como Moldavia estaban en discusión, pero no se ha detectado en esa época actividad "draculesca" significativa. Se piensa que dispuso del tiempo suficiente para realizar un estudio comparativo de los dos sistemas, como lo demuestra su política exterior.

En el reino turco se dieron modificaciones preocupantes. Murad II había impulsado una prudente política de equilibrio interior y exterior, dejando que la aristocracia turca se hiciera con el dinero y los títulos de un gran sector del país. Desde el punto de vista de la política exterior, le bastaba con recibir tributos de la mayoría de los Estados de la región central turca, formando así un vasallaje relativamente moderado.

Ideológicamente, la política expansionista tuvo su origen en el concepto de "guerra santa" (*dschihad*), que era la contrapartida islámica de la "Cruzada" cristiana. En consecuencia, la aristocracia turca abogó desde un comienzo por la continuación de la política belicista en los Balcanes; pero el sultán tenía que lidiar internamente con la facción de los *Dewschirme* quienes tenían un gran poder económico e ideológico en su reino y preferían una expansión hacia el este. Dado que en el balance político interior favoreció a la facción de los Dewschirme, su posición se reforzó de tal modo que en la distribución de tierras les correspondió una mayor proporción que a los aristócratas, finalmente estos optaron por una política pacifista, ya que una expansión favorecía de hecho a los otros.

La oposición fue evidente en 1453, durante el sitio de Constantinopla. Halid Chandarli, primer ministro del sultán y representante de la facción de los nobles turcos, desaconsejó con vehemencia un ataque, e incluso durante el sitio intentó convencer al sultán de que cesara las hostilidades, guiado por la impresión de que la caída de Constantinopla dejaría el timón del Estado definitivamente en manos de los Dewschirme. Su análisis demostró ser exacto. Tras la conquista de la ciudad, Chandarlo fue apresado, acusado de traición y ejecutado. Los puestos estatales, que aún se hallaban en poder de los aristócratas, fueron ocupados casi en su totalidad por hombre de la facción dewschirme, cuyas vidas, posesiones y rango dependían pro completo del favor de Mehmed. De esta manera, el poder del sultán fue asumiendo más y más rasgos aristocráticos. La adopción de un ceremonial en la corte, de acuerdo con el modelo bizantino, acentuó aún más la posición exclusivista del sultán. Mehmed recopiló sus disposiciones en un código, en el que se formulaba, entre otras cosas, el equívoco derecho sucesorio al trono que, partiendo de la indivisibilidad del poder, rompía con la tradición turca, que sostenía que todos los hijos del sultán tenían el mismo derecho al trono. En lugar de esto, Mehmed decretó el fratricidio: el sultán designaba al más capaz de sus hijos como sucesor y lo colocaba en el trono; era el deber de éste el "asegurar la paz del mundo", puesto que el desorden "es más lamentable que la muerte". El propio Mehmed se condujo de ese modo, ordenando matar a su hermano menor en 1451.

Paralelamente, y para garantizar la puesta en práctica de sus medidas, Mehmed fomentó la formación de Jenízaros y la fabricación de armas de artillería. Gracias básicamente a estos dos factores, consiguió la conquista del "último bastión de la cristiandad", cuyos muros triples, de trece metros de alto, eran considerados hasta entonces como inexpugnables. Pero las descargas de artillería eran contundentes; los turcos poseían unos gigantescos cañones de ocho metros de largo que, según dicen, debieron disparar proyectiles de más de 600 Kgs.

Con todo este potencial, tras un sitio de dos meses, cayó

la ciudad de Constantinopla, a la que de inmediato se le cambió el nombre, llamándola Estambul. En 1457, Mehmed la convirtió en su capital. Occidente no había podido auxiliar a los siete mil defensores, quienes lucharon contra 80,000 atacantes. La condición que había puesto el Papa como precio por la ayuda occidental, la unificación de ambas iglesias, fue oficialmente aceptada, pero no se adecuaba a la opinión del último ministro bizantino, quien prefería el turbante del sultán al sobrero cardenalicio.

Pese a todo, el Papa no era capaz de obrar con eficacia, una flota veneciana de pequeñas dimensiones, pagada por el Papa, navegó con tanta lentitud que en el momento de la caída de la ciudad, cuando apenas alcanzaba Quios, ya se veía obligada a regresar sin lograr su propósito. Los venecianos se disculparon ante el sultán por el comportamiento de su colonia bizantina, que había luchado contra los turcos al lado de los bizantinos, y aceptaron sin protestar la ejecución de Balio, quien era el máximo funcionario de la delegación comercial, y de ocho venecianos más. Mehmed honró esta conducta flexible renovando, en 1454, los contratos comerciales con Venecia, para alivio de la ciudad.

Mehmed no se conformó de momento con el estatus de vasallaje de los territorios ocupados. Se sintió más seguro cuando estos aumentaron considerablemente sus ingresos, puesto que los impuestos y las recaudaciones superaron el pago del antiguo tributo. Tras su victoria política sobre la aristocracia, Mehmed forzó la expansión turca, tal como lo esperaba la facción Dewschirme. Al año siguiente, Serbia fue invadida; Georg Brankovic, cuya orientación proturca se vio recompensada con la ingratitud, huyó hacia Hungría. Cincuenta mil hombres fueron tomados prisioneros, y Hunyadi en persona dirigió la defensa de la fortaleza de Semendria. Los turcos regresaron en 1455 y ocuparon todo el sur de Serbia, de ese modo se apoderaron de la principal fuente de ingresos de Brankovic, que era una mina de plata en Novo Brdo, que ellos emplearon para su provecho. El sometimiento del resto del país parecía ser sólo cuestión de tiempo.

Cada vez se volvía más claro que Mehmed II no sólo pensaba afianzar sus conquistas, sino que planeaba un gran ataque a Hungría y a las restantes plazas cristianas del Egeo. Para ello Mehmed hizo construir una flota que, para gran alboroto de genoveses y venecianos, se presentó ante Quíos y Rodas. Su fuerza combativa era poco significativa, pero resultó sumamente útil en operaciones de apoyo a las fuerzas terrestres.

Hunyadi adoptó medidas contradictorias. Indujo al rey húngaro para que cediera a las ciudades sajonas el territorio y los derechos aduaneros del paso de Roten-Turm, si como contrapartida aquellas se avenían a construir las fortalezas que se hallaban en ruinas. A Vladislav no le gustaba mucho la idea de que una de las principales rutas comerciales entre Transilvania y Valaquia quedara bajo el exclusivo control alemán; y de que, además, Hunyadi ocupara con este pretexto Fagaras y Amlas, feudos valacos en Transilvania. Su relación con Hunyadi empeoró visiblemente, de tal forma que él preparaba ya un sustituto. Vlad Draculea aprovechó el momento, y las ciudades sajonas se inclinaron por él. Hunyadi le entregó un permiso de residencia y lo acompañó a Buda, donde lo presentó al rey. Con ello, Vlad Draculea se aseguró un voto terminante y se colocó en buena situación para ser reconocido como pretendiente al trono. La muerte de su padre, provocada por Hunyadi, había tenido lugar nueve años antes. Pero, en aquella época, las posibilidades de ascenso quedaron mermadas por cierto fallo de memoria.

La estancia en Buda fue instructiva. La Dieta húngara deliberó sobre la guerra con Turquía. El rey, presente al comienzo, se retiró a cazar; la situación no podía ser peor. Los estamentos reunidos se mostraron poco entusiastas ante la posibilidad de una guerra. Hunyadi tampoco podía esperar ayuda alguna de Occidente, tan sólo el Papa puso a su disposición una importante suma de dinero, con el que pudo al menos contratar unos mil mercenarios.

Mehmed II inició grandes preparativos. La guerra que intentaba llevar a cabo debería eliminar de una vez por todas el grano de Hungría. "Un Dios gobierna en el cielo; conviene que también en la tierra gobierne un príncipe." Esta frase de Mehmed, repitiendo a Mahoma, se difundió por toda Europa.

Belgrado, "llave del reino húngaro", debía caer primero, luego seguiría la invasión por el interior de Hungría. Mehmed pensaba penetrar en la fortaleza siguiendo el modelo de Constantinopla, y marchó hacia el norte con un ejército de cien mil soldados. El sistema de aprovisionamiento turco demostró su capacidad de rendimiento. Un cuidadoso depósito de provisiones permitía un rápido avance del ejército. Estuvo incluso bien abastecido de bronce, y los cañones, esas nuevas armas tan importantes en el sitio de Constantinopla, arrojaron su carga sobre Belgrado. Para cortar el abastecimiento por vía fluvial de la fortaleza, situada sobre el Danubio, una flota turca penetró en el río y bloqueó aguas arriba de la ciudad.

Cuando, el 4 de julio de 1456, se inició el cañoneo de la artillería turca, manejada por húngaros, alemanes e italianos muy bien pagados, Belgrado estaba rodeada por el ejército más moderno y combativo de Europa.

Junto con la tropa de mercenarios, Hunyadi pudo oponer al poderío turco 15,000 hombres reclutados en sus posesiones de Transilvania y Hungría. El rey seguía de caza, la participación de la alta nobleza fue insignificante, y la pequeña nobleza siguió el mal ejemplo de la alta. Belgrado fue defendida por 6,000 hombres a las órdenes del ya conocido cuñado de Hunyadi, Michael von Szilàgyi. Ante tan desfavorable situación, las posibilidades de Hungría no podían ser peores. El hecho de que, aun así, Belgrado se salvara, de que se lograra hacer retroceder al ejército turco y de que el propio Mehmed fuera sorprendido en la lucha, lo debe Hungría a un fenómeno contra el que ni siquiera las máquinas de guerra turcas, altamente desarrolladas, pudieron luchar. Fue tan simple como suena: se trató de un milagro que cobró forma concreta en la figura de Johann Capistrano.

Capistrano, que en el 1456 era ya un anciano de 70 años, se ha considerado "el más grande predicador itinerante de toda la Edad Media", y es hoy en día un santo católico. Jurista de profesión, ingresó a los 31 años en la orden de los franciscanos, ascendió rápidamente en la escala jerárquica y llegó a ser vicario general, que es el más alto cargo de la orden. Fue consejero de distintos papas, quienes lo enviaron por toda Europa como legado (embajador). Se le invistió de plenos poderes inquisitoriales que supo utilizar con energía. En Italia persiguió a los *fraticelli*, que era una escisión herética de su propia Orden, que consideraba a la Iglesia Católica como la "ramera de Babilonia", acusándola de haber extraviado la verdadera doctrina cristiana. Los *fraticelli*, que fueron hallados culpables de herejía, acabaron en la hoguera. En 1451, Capistrano continuó su labor, entre evangélica y política, en Bohemia, donde predicó una cruzada contra los husitas; pero los reyes bohemios se disgustaron con él y lo expulsaron del territorio. En Breslau lanzó improperios contra el amor mundano, el lujo y la creciente corrupción de las costumbres; el pueblo, conmovido, acudió ante él con juegos, naipes y espejos, con los que se llevó a cabo una "quema de vanidades", que era una técnica de condicionamiento psicológico inventada por Capistrano y que sería utilizada cuarenta años más tarde por el monje Savonarola. Ahí mismo, Capistrano promovió la expulsión de los judíos, aduciendo las acusaciones usuales, según las cuales, ellos practicaban la usura, habían crucificado a Cristo, profanaban la hostia y asesinaban a niños cristianos. El resultado de sus palabras inflamadas no se hizo esperar: todos los judíos de Breslau fueron apresados, se les quitaron sus bienes, 41 de ellos fueron hallados culpables y quemados en la plaza del mercado, los restantes fueron arrojados de la ciudad. En este momento, Capistrano se encontraba en Hungría, creando un ambiente de lucha contra los infieles; pero sus brillantes discursos ante los nobles alemanes y húngaros no prosperaron. Trescientos cincuenta años de propuestas de cruzadas ya habían abaratado la idea; por otra parte, había mucho que perder y poco que ganar: Jerusalén estaba ahora muy lejos de ser un objetivo deseable. Al principio, Capistrano tampoco tuvo mucho éxito entre las clases bajas, pues como hablaba en latín no se le entendía. Pero cuando se valió de un intérprete, el evangelio produjo el efecto deseado: Capistrano logró reunir un ejército de 35,000 hombres, la mayoría era gente del pueblo si entrenamiento bélico, pero todos estaban dispuestos a la lucha y marcharon hacia Belgrado armados más de una fe religiosa que de un objetivo patriótico.

Como era de esperarse, los cañones turcos habían realizado ya su trabajo. Los muros de Belgrado estaban seriamente dañados y los fosos llenos de escombros. Sin embargo, la flota turca había sufrido un contratiempo, por lo que la vía fluvial era franca. Esto le permitió a Hunyadi hacer penetrar al ejército cruzado en la ciudad, aunque, según se dice, recomendó el abandono de la fortaleza, puesto que no confiaba en la capacidad militar de Capistrano; además de que las provisiones se agotaron y, para colmo de males, se desató la peste.

Mehmed ordenó el asalto final en la noche del 22 de julio. Tres veces arremetieron los jenízaros contra la ciudad, y tres veces fueron rechazados, con lo cual los "simples" sufrieron grandes pérdidas por no proteger sus vidas, embriagados como estaban por la fe. Desobedeciendo las órdenes de Hunyadi, quien había perdido por completo el control de esta borrachera religiosa y militar, persiguieron a los turcos en su retirada, con Capistrano a la cabeza.

Las pérdidas turcas habían sido considerables, pues

ascendían a 25,000 hombres; el sultán había sido herido en una pierna por una flecha, dos de sus *begs*, entre ellos el general de los jenízaros, habían muerto en batalla; la flota y el parque de artillería estaban destruidos. De acuerdo a la opinión de los contemporáneos, Dios se había puesto ostensiblemente del lado de los cristianos.

En primer lugar, la derrota de los turcos en Belgrado fue importante para Hungría. La Hungría feudal no podía permitirse derrotas, la defensa de Belgrado había decidido el destino del reino en un sentido positivo y aplazado su decadencia. El reino otomano poseía una capacidad de resistencia mucho mayor. Su ejército estaba intacto, y el sultán prosiguió sin interrupción su política expansionista en los años siguientes. Incluso el llamado "flagelo de Dios", la peste, parecía estar al servicio de Mehmed. Tres semanas después del sitio, la muerte sorprendió a Hunyadi, el organizador de la resistencia húngara. Hacia fines de octubre, murió también por contagio Capistrano. A los restantes combatientes también les fue muy mal:

> *Los guerreros marcados con la cruz habían acabado prácticamente con las escasas provisiones y constituían una verdadera plaga para el país, de modo que los campesinos se rebelaron para liquidarlos. Sólo con el invierno regresaron algunos infelices, llenos de dolorosas experiencias; se habían limpiado de sus pecados, pero también habían agotado su confianza, su coraje y su espíritu de sacrificio.*

Antes del ataque de Mehmed, Hunyadi le había confiado a Vlad Draculea la vigilancia y la protección de Transilvania, confiriéndole el cargo que su padre había detentado antes ya de 1436; al mismo tiempo había recomendado a las ciudades sajonas que apoyaran incondicionalmente a Vlad Draculea. Cuando, a finales de julio, llegaron las noticias de la derrota turca y de la retirada de Mehmed, Vlad Draculea se lanzó sin demora y marchó a Valaquia con su contingente transilvano. Vladislav II perdió la batalla y fue hecho prisionero. Vlad Draculea ordenó su ejecución en la misma plaza del mercado donde su hermano Mircea fuera muerto a manos del verdugo. El nuevo voivoda subió al trono de Valaquia como Vlad III. Su apodo, Draculea, no siguió siendo el único: pasó a la historia como Vlad "Tepes", o sea Vlad, "el empalador".

El príncipe de 25 años, quien, tras ocho años de intensa actividad política en el exilio, residía nuevamente en su capital de Tirgoviste, había viajado mucho y respondía a su aspiración de ser un hombre cultivado, al menos desde el punto de vista político-militar. Por una parte, era un gran conocedor de las relaciones en el sudeste europeo, así como de la estructura interna del poder, tanto en el reino otomano como en el húngaro. Había experimentado la complejidad de Transilvania y vivido el caos feudal en el principado de Moldavia. Sus conocimientos no eran abstractos; antes bien, los había adquirido en la práctica, siempre en contacto directo con los protagonistas de los hechos, a quienes conocía personalmente: Johann Hunyadi, y sus hijos Ladislao y Matías; Michael von Silàgyi, cuñado del general, y Ladislao V Póstumo, el joven rey húngaro. Aún cuando el príncipe no estuviera en Adrianápolis, Mehmed confiaba en él, y su hermano Radu gozaba de la simpatía del sultán. Conocía al viejo militar Kastriota y a Esteban, quien, desde el norte de Transilvania, tramaba incansables intrigas en contra del voivoda de Moldavia.

Los cuatro, o sea, los que en esos momentos detentaban el poder, tenían algo en común: todos habían accedido a un trono para el cual no estaban legítimamente destinados. Como tercer hijo, Mehmed no tenía la opción al sultanato, hasta que, con la muerte de sus hermanos, Murad II resolvió nombrarlo sucesor al trono. Su reinado fue radicalmente distinto al de su padre, y quedó ensombrecido por la actitud de la facción de los aristócratas. A Vlad Tepes tampoco le fue muy fácil. A la sombra del imperialismo feudal, como rehén turco, pretendiente fracasado, eterno prófugo y siempre dependiente del favor de los demás, debió cultivar aquel desprecio y aquella cínica arrogancia que constituyeron los rasgos característicos de su personalidad. El tercero, Matthias Hunyadi, presenció en 1457 la ejecución de su hermano mayor, Ladislao, quien fue hecho prisionero en Praga y sólo pudo imponerse tras la derrota de varias revueltas nobles. Esteban, por último, era, desde los catorce años, luego del asesinato de su padre, un prófugo político.

El ámbito de experiencia común puede ampliarse. Todos ellos eran considerados arribistas, soberanos cuya ascendencia y origen no revelaban la acostumbrada pátina aristocrática. Esto se daba sobre todo en el caso de Mehmed, quien era hijo de una esclava, y de Matthias, a cuyo abuelo, Wojk, le habían ennoblecido y concedido feudos tan sólo hacia 1409, lo cual llevó a un miembro de la alta nobleza a difamar a los Hunyadi tachándolos de "casta de perros". El origen de Vlad Tepes y Esteban tampoco era inmaculado. Vlad Draculea se consideraba con pleno derecho hijo de Mircea cel Batrin, pero era ilegítimo por parte de madre, y el padre de Esteban, Bogdan II, fue considerado como un usurpador, a pesar de que él aseguraba descender de una familia noble, y por ello tener derecho al trono.

Estos factores influyeron en el hecho de que ninguno de los cuatro pudiera lograr el apoyo de la aristocracia feudal, y tuvieron que obtenerlo de otros aliados. Lo anterior no fue el único motivo de formación de un fuerte poder central, que los cuatro anhelaron como meta política.

Al comienzo, el nuevo voivoda de Valaquia tuvo que saldar cuentas políticas. En un contrato firmado con las ciudades sajonas, Vlad Tepes suprimió las restricciones comerciales impuestas por Vladislav II y garantizó a los alemanes el derecho al libre comercio en Valaquia, a cambio de lo cual ellos le brindaron ayuda militar contra los turcos y derecho de asilo en Kronstadt, en caso de que se produjera una expulsión. A principios de septiembre prestó juramento de fidelidad al rey de Hungría. No bien hubo bajado la mano con la que había jurado se vio obligado a alzarla nuevamente, esta vez para declararse vasallo de Turquía. La misión turca llegó el 10 de septiembre de 1456 y le exigió, además del tributo anual de dos mil ducados, el derecho a la libertad de tránsito hacia Transilvania y, a partir de entonces, el deber de recabar el permiso del sultán para la elección de un príncipe; asimismo, Vlad Tepes debía hacer personalmente entrega del tributo y, en señal de sumisión, debía besar el borde del manto del sultán.

Vlad Tepes lo aceptó todo; más tarde, cuando dispusiera de cierto poder, podría negarse a lo que quisiera; pero en aquel momento nada era posible. La soberanía de Valaquia había sufrido sensiblemente desde la muerte de Vlad Dracul. Sólo parecía plantearse la cuestión de quién ocuparía el principado. Valaquia había perdido en Transilvania sus feudos Fagaras y Amlas. En Kilia, importante puerto del Danubio, había una guarnición húngara; en Giurgiu y en otros lugares acampaban tropas turcas. Los boyardos habían afianzado sin problemas su posición del poder. El comercio se encontraba por completo en manos extranjeras.

Desde el punto de vista de la política exterior, las cosas no parecían más propicias. Serbia había sido aniquilada, Hungría, tras la muerte de Johann Hunyadi, se hallaba paralizada por luchas de poder entre las distintas facciones de la nobleza. Desde la caída de Constantinopla ya no se podía contar con la posibilidad de que una flota cristiana penetrara en la desembocadura del Danubio. Los turcos controlaban todos los estrechos, ningún barco genovés o veneciano navegaba por temor a los cañones, y los genoveses pagaban altas tasas aduaneras para poder atravesar el Bósforo y los Dardanelos. El intento turco de acabar con el reino húngaro en una sola batalla había fracasado, lo que de ninguna manera supuso el cese de la lucha contra Hungría; si no de frente, sí al menos por los flancos. El camino hacia Buda ya no pasaba por Belgrado. Quedaba el paso por Bosnia o Transilvania y, de quedar libre éste, significaría la ocupación de Valaquia. Este panorama desolador mejoraba tan sólo en el sudoeste. Allí, en Albania, hacía trece años que Kastriota derrotaba regularmente a los turcos con fuerzas más débiles.

Sin embargo siempre había algo que aprender de los turcos, al igual que de los húngaros, aunque de manera negativa. Lo que otorgaba a los turcos semejante superioridad aparecía de pronto como el único remedio para la precaria situación del principado, o sea, la formación de un fuerte poder central capaz de mantener la independencia del país. Las consecuencias de este firme propósito fueron notorias, pues sus adversarios, los boyardos, formaban un grupo aparte, ajeno al nuevo poder encarnado por el soberano y listo en todo momento: un ejército permanente, a sueldo y al margen del derecho consuetudinario, según el cual sólo en caso de guerra podía el voivoda reclutar tropas. No obstante, éste se las ingenió para imponerse: desarrolló el comercio, haciendo que los impuestos aduaneros y las contribuciones fueran a parar directamente a sus bolsillos, modificó su estatus de príncipe, otorgándose un mayor carisma y libertad ante las normas legales. También en este aspecto había mucho que aprender de los turcos, especialmente de Mehmed II, y Vlad Tepes lo hizo de modo impecable.

El tiempo apremiaba, y de la prontitud dependía todo. Los turcos no sólo dominaban en el ajedrez del poder, sino que eran adversarios. La supremacía del sultán y la transformación de la sociedad se asentaban, en el reino otomano, en una experiencia de setenta años sobre la que Mehmed II pudo edificar su dominio. El principado de Valaquia era todo lo contrario. Siempre bajo la amenaza inminente de un ataque turco. Vlad Tepes inició una carrera contra reloj, y procuró "modernizar" el principado en cinco años.

Apenas situado en el poder e iniciados los primeros pasos, Vlad Tepes se ganó la desconfianza y el rechazo de sus aliados occidentales. Hungría le provocó, exigiéndole la devolución de los feudos valacos de Fagaras y Amlas; como respuesta, Vlad Tepes intentó por el contrario imponerles el derecho de emporio, en aquel entonces instrumento fundamental de toda política económica cuando se trataba de crear las condiciones adecuadas para un impulso de esta índole.

Para comprender lo explosiva que era esta última exigencia, debemos dar alguna información acerca de la estructura económica del principado. Ya he mencionado la posición monopólica de los alemanes en el comercio Valaco-transilvano, pero su verdadero dominio se registraba en el comercio a distancia, en el que, paradójicamente, su posición había mejorado merced al avance turco. Sus competidores, los ragusinos y genoveses, sufrieron graves restricciones en su comercio. El camino a través de Serbia, que solían tomar los ragusinos, era considerado poco seguro como consecuencia de los permanentes conflictos bélicos en esa región; los genoveses iban perdiendo poco a poco su posición preponderante en el comercio del Mar Negro. Kaffa, su principal centro comercial en Crimea, que no sólo facilitaba el intercambio con el principado Valaco pasando por Kilia y Akkermannstadt, alcanzaba la Alta Alemania, había iniciado un periodo de decadencia. Aunque la caída de Constantinopla no había separado las colonias genovesas en el Mar Negro de su ciudad madre, sí había sometido su comercio al control de los turcos. Con todo, Kaffa, donde de 2 a 3,000 comerciantes italianos vivían con sus familias, seguía siendo un centro económico de primera magnitud y obteniendo lucrativas ganancias con los artículos de lujo, los esclavos, las especias, las joyas y las sedas en particular.

Para Vlad Tepes era de primera importancia el aprovechar el tránsito por Valaquia como fuente de ingresos. El escaso volumen comercial del principado, con exportaciones de sal y vino, poco significativas en relación con las valiosas manufacturas de telas y de armas, no le permitía incrementar los impuestos. El comercio sólo se desarrollaría si, primero, lo hacía sangrar. Para ese fin no bastaba con imponer tasas aduaneras de ingreso y de salida al tránsito comercial transilvano. El comercio valaco debía participar en él, manteniendo un mercado proteccionista. El derecho de emporio le pareció a Vlad Tepes el medio más adecuado para conseguirlo. A partir de entonces, los comerciantes alemanes no pudieron atravesar el principado con sus mercancías sin antes ofrecerlas a los comerciantes valacos en determinados mercados —Cimpulung, Tirgoviste y Tirgsor— a precios de mayorista. Si los valacos deseaban obtener las mercancías ofrecidas, se les aseguraba el derecho de tanteo y de reventa. Estas condiciones perjudicaron durante mucho tiempo a las ciudades sajonas. No sólo perdieron el comercio interior en el principado, dominado ya exclusivamente por comerciantes valacos, sino que vieron también peligrar la actividad que les aportaba los mayores beneficios, el comercio a distancia, puesto que la fuerza del capital de la competencia aumentaba irremisiblemente gracias al curso perfeccionista del príncipe.

Era claro que había sido un error colocar a Vlad Tepes en el poder y había que remediarlo: las ciudades sajonas le opusieron otros pretendientes al trono. Los de Kronstadt apoyaron a un tal Dan; los de Hermannstadt a un hermano del propio Vlad Tepes, Vlad "el Monje" (Calugarul). Estos se dedicaron de inmediato a reclutar partidarios entre los boyardos valacos.

En la primavera de 1457, Vlad Tepes envió un *ultimatum* a ambas ciudades para que negaran asilo a sus oponentes y los expulsaran. Las graves palabras no produjeron el efecto deseado. Hermannstadt procuró incluso que Vlad Calugarul de instalara en Amlas, el feudo reclamado por Vlad Tepes. A esta nueva provocación, el voivoda contraatacó con suma violencia. Penetró en Transilvania, quemando e incendiando, y saqueó la región de Kronstadt y Amlas. Ni siquiera a las mujeres y a los niños se les perdonó la vida. Los que no sucumbieron en las llamas fueron arrastrados a Valaquia y empalados. Las ciudades sajonas se quejaron a Ladislao V, y Vlad Tepes buscó de inmediato aliados, encontrándolos en los opositores del rey: la familia Hunyadi. Envió a su viejo conocido Michael von Szilàgyi para negociar entre ambas facciones enemigas una paz medianamente aceptable. En noviembre lo consiguió al menos con Kronstadt. De acuerdo con Schässburg, la ciudad se declaró dispuesta a expulsar a Dan, si Vlad Tepes abandonaba su política comercial proteccionista. El príncipe firmó y se restableció la situación anterior. Los habitantes de Kronstadt lograron lo que deseaban. A modo de consuelo, Vlad Tepes esperaba poder contar en el futuro con el principado de Moldavia, donde, en abril, Esteban había expulsado a su predecesor, Peter Aron con el apoyo de tropas valacas.

La relación con las ciudades sajonas siguió siendo tensa. En 1458, Vlad Tepes se había situado del lado de la facción de Hunyadi. Matthias Hunyadi fue elegido nuevo rey de Hungría, luego de la súbita muerte de Ladislao V, y con ayuda de dos mil hombres que Michael von Szilàgyi supo conducir en el momento preciso, las ciudades sajonas, que no disimulaban su preferencia por Federico II para rey de Hungría reaccionaron mal. Matthias se adhirió de inmediato a la facción de su aliado valaco e instruyó al magistrado de Hermannstadt para que pusiese fin a la querella con Vlad Tepes. Como resultado, se firmó un acuerdo en marzo de 1458. Pero, ya en verano, se empañaron las relaciones entre el rey y el voivoda de Valaquia. Michael von Szilàgyi había manifestado de tal modo su deseo de poder e influencia que obligó a Matthias Corvinus a enviarlo a prisión. Por desgracia, Vlad Tepes era considerado un aliado de Michael. No iba en favor del voivoda el hecho de que hubiera aprovechado tan rápidamente de crisis húngara para apoderarse de la importante ciudad de Kilia. La velocidad de la acción disgustó también a Esteban, quien asimismo reclamaba el puerto. A partir de entonces, la relación del rey húngaro con su vasallo valaco estuvo determinada por cierta desconfianza.

Durante los dos años que precedieron a estos hechos, Vlad Tepes había ido edificando con esmero su posición en el poder: había aumentado su guardia personal y, con ella, empezó a reducir la influencia boyarda. Una vez que los apresaba, siguiendo el principio de la corresponsabilidad familiar, no sólo los hacía empalar a ellos, sino también a sus familias. Sus posesiones eran confiscadas y repartidas entre los partidarios del príncipe. De todos modos, nadie habría podido decir quién alcanzaba la victoria final, si la facción de los nobles o la coalición formada por Vlad Tepes y los boyardos deseosos de cooperar, los comerciantes y los campesinos libres.

Es posible que los turcos acelerasen la crisis. Mehmed II, en 1458, había ocupado por completo Grecia, sólo quedaban las colonias venecianas, que finalmente fueron derrotadas por el Gran Visir Mahmud Serbien. Vlad Tepes, por su parte, pudo haber provocado este avance amenazador, al forzar con firmeza sus propósitos en materia de política interna. Otros opinaban que, tras su primer duelo fracasado con las ciudades sajonas, atribuyó las verdaderas culpas de esta crisis a los boyardos, puesto que la política sucesoria de los alemanes sólo era posible si estos podían asegurase la adhesión de algún otro grupo de boyardos. El príncipe pensó en acabar para siempre con el problema.

A comienzos del año 1459, Vlad Tepes reemprendió su política comercial proteccionista. La espina clavada en la carne de las ciudades sajonas, el derecho de emporio, se decretó por segunda vez. Se advirtió a los comerciantes valacos que boicotearan a Transilvania hasta nueva orden.

Kronstadt no tardó en adoptar medidas de represalia. Dan, quien había sido expulsado, volvió y fue generosamente dotado de armas y dinero. Entretanto llegaban malas noticias. Vlad Tepes había capturado una caravana de comerciantes de Kronstadt que no había realizado su comercio en los mercados admitidos; sus mercancías fueron confiscadas y todos los comerciantes, unos 600, sufrieron el empalamiento. La mercancía requisada a los comerciantes transilvanos fue amontonada en un depósito y éste incendiado... "No quiero que consigan clientes ni que pisen mi tierra", le comentó el príncipe al maestro cantor Michel Beheim durante la quema.

En Kronstadt era difícil reclutar aliados contrarios a Vlad Tepes. Matthias Corvinus no estaba dispuesto a intervenir, pues ya tenía bastante con Hungría, donde una facción de nobles había elegido precisamente a Federico III para oponer al rey. Dan, el otro candidato, obtuvo su único triunfo y realizó verdaderos esfuerzos para justificar, con diligentes cuidados, la confianza depositada en él.

Llegó la Pascua. En aquellos días, los pecadores arrepentidos volvían a ser admitidos en el seno de la Iglesia. Vlad Tepes no quería pasar aquellas fiestas solo. Invitó pues a la asamblea de boyardos o, como lo expresó un historiador griego. "A todos aquellos que hasta aquel momento habían tenido cierta influencia en la elección de príncipes". Como correspondía, se sirvió un exquisito banquete. En el momento cumbre de la fiesta, el voivoda organizó un juego de adivinanzas, en el que les preguntó a los boyardos a cuántos príncipes podían recordar. Los más viejos citaron a treinta, otros recordaban a más de veinte, e incluso los más jóvenes podían nombrar a ocho. A la siguiente pregunta planteada por Vlad Tepes (si no les parecía que eran demasiados príncipes) la respondió él mismo: "Es por culpa de vuestra infamia, que lo contamina todo". Se suspendió el festín, la guardia personal del príncipe ocupó el lugar y los quinientos boyardos que ahí se encontraban fueron empalados. Se confiscaron los bienes de los ejecutados y, conforme el principio territorial relacionado con el servicio militar, las tierras fueron concedidas a pequeños nobles y campesinos libres. El asesinato de los boyardos provocó un golpe de Estado y supuso la total reestructuración de la asamblea boyarda. Prevalecieron los nuevos nobles y la asamblea de boyardos perdió influencia en el gobierno y degeneró en un mero órgano de aclamación. No todos los boyardos viajaron a Tirgoviste. Precisamente uno, que hubiera debido hacerlo, fue lo suficientemente astuto como para evitar la sangrienta fiesta de Pascua. Albu, quien llevaba el apodo de "el Grande" por haber ocupado altos cargos con diferentes voivodas y por disponer de un gran territorio, decidió que había llegado la hora y reunió tropas; pero Vlad Tepes lo derrotó sin esfuerzo, con lo que Abu y su familia fueron ejecutados.

No puede decirse que el curso de estos acontecimientos favoreciese los planes de Dan; así lo consideraron también los habitantes de Kronstadt, quienes enviaron una comitiva a Valaquia con el fin de tramitar una paz moderada, aparentemente sobre la base del contrato de Schässburg. Vlad Tepes deseaba mejores condiciones. Los cincuenta y cinco enviados fueron muy bien recibidos, sin embargo fueron presa del terror cuando a la mañana siguiente vieron cincuenta y cinco palos frente al palacio donde los habían alojado. El voivoda se disculpó. Por motivos harto comprensibles, los enviados no se atrevieron a ejercer presión alguna sobre las negociaciones, pero tampoco claudicaron: simplemente se marcharon. Una noche, Vlad Tepes, desapareció para reaparecer en Burzenland, en los alrededores de Kronstadt.

Llamar campaña militar a lo que sigue sería comprender erróneamente el propósito del príncipe, pues se trató más bien de una acción de exterminio, destinada a dejar claro ante el gobernador de Kronstadt que las decisiones del príncipe debían ser respetadas; sus tropas quemaron aldeas, ciudades y campos; Vlad Tepes invadió los suburbios de Kronstadt, que no estaban especialmente protegidos, en los que vivían pobres, principalmente inmigrantes judíos y gitanos. Hizo empalar a los prisioneros, hombres, mujeres y niños, junto a la capilla de San Jacobo, frente a la ciudad, para que la escena se pudiera contemplar desde los muros; y por si eso fuera poco, él se hizo servir el desayuno entre los empalados: Luego envió a uno de sus comandantes a atacar Seiden, una pequeña villa al noroeste de Kronstadt. Los habitantes se defendieron valientemente, y los valacos regresaron sin haber conseguido su propósito. Las razones que esgrimió el comandante no convencieron a Vlad Tepes quien rápidamente lo mandó empalar. Así terminó la guerra económica, ya que no podían asaltar Kronstadt porque estaba muy fortificada, Vlad Tepes regresó a Valaquia.

Había mucho que hacer ahí. En lo político, creía que su deber era imponer la calma y el orden en el interior para actuar con autonomía en el exterior. La nueva definición de la función del príncipe, la pretensión de concentrar en él toda fuente de derecho y la censura de toda crítica de sus súbditos constituían la base teórica de sus medidas realmente "drásticas". Ya no se hablaba de una relación de vasallos sostenida por la mutua confianza: Vlad Tepes exigía el total sometimiento. Quería gobernar como el primero de entre todos —*primus super omnes*—; se opuso violentamente a la antigua doctrina según la cual, al menos en teoría, todos los nobles eran iguales al príncipe, a quien se consideraba como el primero entre pares —*primus inter pares*.

Estableció una ley en la que todos los habitantes del principado debían por igual someterse al trono, que, por otra parte, nadie podía reclamar en nombre de ningún derecho. Sus condenas eran iguales para todos, sin distinción de raza, religión, clase social o casta. Había de poner término a las eternas intervenciones extranjeras y acabar con las disputas de los nobles. Vlad Tepes conformó un estado fuerte en torno a su persona: "utilidad" era su palabra mágica.

¿De qué le servían, a él y al país, los pordioseros, los cojos y los leprosos? La cuestión nunca se planteo abiertamente en esos términos. Cristo había pasado su vida en la pobreza y celebrado la carencia de bienes. Los mendigos y los enfermos desempeñaban una función en el orden divino, la de recordar a los pudientes sus deberes de conciencia. La limosna que daba el rico se contaba entre las buenas acciones mediante las cuales se obtenía un lugar en el cielo. Pero Vlad Tepes concibió un nuevo principio. Según él, los mendigos eran una carga para el país; no producían nada y vivían de los bienes de los industriosos. Nuevamente convocó un festín. Preguntó a los presentes si no querían verse libres de preocupaciones y privaciones. Los mendigos contestaron que sí, y él mandó prender fuego a la sala; nadie escapó con vida. A sus horrorizados vasallos les explicó que él no quería pobres en su principado.

Otro grupo improductivo al que dedicó su atención fue el de los gitanos:

> *Había en sus territorios cerca de trescientos gitanos. Él tomó tres de los mejores, los mandó asar para que los demás los comieran; amenazándolos con enviarlos a luchar contra los turcos si no comían la carne que se les ofrecía.*

Los gitanos prefirieron alistarse y Vlad Tepes puso generosamente armas a su disposición.

Los gitanos se vieron igualmente sorprendidos cuando el voivoda decidió reducir, con su habitual drasticidad, las pérdidas por robo que sufría la economía del país. Un gitano que había robado fue condenado a la vergonzosa muerte de la horca, castigo al que, en aquella época, se recurría en casos de "grandes latrocinios". Los gitanos rogaron a Vlad Tepes que suavizara los castigos y, en una carta diri-

En una ocasión, Vlad tomó a tres de los mejores gitanos de su principado y los mandó asar para que los demás gitanos los comieran, amenazándolos con enviarlos a luchar contra los turcos si no lo hacían.

gida a Su Majestad, el emperador Segismundo, apelaron a él para que prohibiera el castigo de la horca. No hicieron sino provocar al príncipe, al cuestionar la soberanía y amenazarlo con una instancia superior.

En realidad, semejantes medidas redujeron el número de robos. Como prueba evidente de que ya no se robaba en el principado, se había dispuesto un jarro de oro en el borde de la fuente pública de Tirgoviste. Quien lo robara se arriesgaba a ser empalado. El siguiente episodio ilustra su política al respecto:

> *Durante el gobierno de Vlad Tepes, visitó el país un importante comerciante florentino que llevaba consigo una gran cantidad de mercancías y una considerable cantidad de dinero. Cuando llegó a Tirgoviste, el comerciante marchó directamente al palacio del príncipe con objeto de solicitar a Vlad Tepes protección para sus pertenencias. Vlad le sugirió sencillamente que lo dejara todo en la pla-*

za del mercado y puso a su disposición un cuarto en el palacio para pasar la noche. Al poco entusiasmado florentino no le quedó más remedio que obedecer. A la mañana siguiente había desaparecido ciento sesenta ducados.

Vlad Tepes lo consoló, asegurándole que se hallaría el dinero. Le indicó a su tesorero que entregara al comerciante la misma cantidad robada, más un ducado. Luego ordenó al alcalde de Tirgoviste que buscara de inmediato al ladrón, pues en el caso de que no fuera encontrado, él haría destruir la ciudad.

Entretanto, el comerciante volvió a sus mercancías y contó el dinero. Lo hizo una y otra vez y siempre obtenía el mismo resultado: había un ducado de más; entonces volvió a ver a Vlad Tepes y le dijo: "Príncipe, me habéis devuelto absolutamente todo mi dinero, pero hay un ducado de más, aquí lo tienes". En el mismo momento fue traído el ladrón al palacio. Vlad Tepes replicó: "Ve en paz, comerciante, y quédate con el ducado de más. Si no me lo hubieras devuelto, te habría hecho empalar, como a este ladrón".

Debía imperar el orden por encima de todo, incluso de la vida sexual. Vlad Tepes cometió en este terreno las peores crueldades, al pretender convertir en norma su moral puritana. Las mujeres que buscaban placer sexual por fuera del matrimonio eran condenadas a muerte, al igual que las viudas "impúdicas" o las doncellas que no conservaban su virginidad. Los castigos correspondientes eran draconianos, consistían normalmente en la mutilación de los órganos sexuales. Existen dos anécdotas al respecto:

La favorita de Vlad Tepes le había comunicado que se hallaba encinta, de modo que la sometió a una revisión. Cuando la comadrona opinó que no había tal embarazo, Vlad Tepes castigó el engaño de un modo brutal: "Rajó a su favorita de la pelvis a los pechos, gritándole que deseaba ver dónde estaba el fruto de sus entrañas y que quería enseñar al mundo el lugar de su origen".

Una campesina le había cosido a su marido una camisa demasiado corta, que le dejaba algo del cuerpo al aire al trabajar. Vlad Tepes lo descubrió y la mandó empalar, a pesar de que el marido intervino en favor de su mujer.

Fuera de las actitudes prescritas por el matrimonio, la sexualidad era considerada desviación, trasgresión y peligro. Suponía un terreno escurridizo en medio de una estructura social perfectamente controlada. Obstaculizaba el pleno funcionamiento del príncipe y del país. El siguiente hecho es sintomático:

> *En 1462, año del Señor, ordenó matar a más de veinticinco mil hombres de todas las poblaciones: cristianos, impíos, etc., entre los que se encontraban las más hermosas mujeres y doncellas, todas ellas mantenidas por cortesanos. Algunas de ellas declararon desear a Drácula, por lo que éste ordenó que las descuartizaran junto con sus cortesanos.*

Aunque esta información no aparezca en ninguna fuente histórica, de hecho, ocurría con frecuencia que los nobles reclamaran su parte del botín humano; aun cuando se negaran a casarse con sus concubinas. Vlad Tepes lo considera una obstrucción. En vista de la amenaza turca, la conducta de los nobles significa falta de disciplina e insubordinación. La campaña que el príncipe ha emprendido tiene por objeto la destrucción, no el saqueo. El que no lo entiende, el que busca obtener ventajas personales, es castigado sin mayores consideraciones.

Debía imperar el orden también en lo que a religión se refiere. Vlad Tepes deseaba crearse un apoyo en la Iglesia. Entre los años 1457 y 1460 concede tierras a distintas órdenes, con lo cual refuerza la influencia de la Iglesia Ortodoxa rumana. Donde puede, trata de conquistar entre los religiosos partidarios para su política. Cuando fallece el padre superior francés del convento cisterciense de Kerz, Vlad Tepes nombra sucesor a un rumano de Tirgoviste. La rebelión que suscita esta imposición no resulta tanto de la nacionalidad del nuevo superior como del hecho de que el príncipe se atreviera a despreciar las normas vigentes entre nobles designando para aquel cargo a un "plebeyo", a un burgués, en suma, a un ser de baja índole social.

Vlad Tepes apoya a la Iglesia ahí donde le es útil. Cuando le concede las tierras que pertenecían a los boyardos, lo hace porque, a su vez, los conventos lo apoyarán con dinero y víveres en caso de guerra. Se fortifican los conventos, creando refugios seguros, no sólo para los monjes, sino también para él y sus hombres. Además, pasa a ser deber de los sacerdotes acatar la autoridad del príncipe y su derecho a dominar mediante la crueldad cuando sea necesario a los intereses del país. Destacamos algunas anécdotas. Un día, el voivoda preguntó a un monje en qué medida era lícito aplicar castigos crueles. El monje expuso la teoría de que el soberano tenía el derecho de hacer empalar a todo aquel que él considerase culpable. Sus acciones no estaban sujetas a la crítica de sus súbditos, de modo que él podía decidir haciéndose responsable. Vlad Tepes recompensó al monje. Menos afortunado fue el prior de un convento de franciscanos descalzos, quien se atrevió a dirigir un sermón al soberano por haber exterminado a una familia de boyardos, sin salvar siquiera a los recién nacidos. Vlad Tepes le respondió: "Te debo una explicación: no puedes nunca quedarte a medio camino. No basta con podar la mala hierba, debes llegar a la raíz para poder exterminarla. Los niños de hoy son mis enemigos de mañana, y no tardarán en vengar en mí a sus padres". El prior fue empalado. Como su insolencia había sido el producto de su cerebro, le atravesaron con un palo la cabeza.

Similar destino sufrió un "hombre piadoso", quien preguntó al voivoda, que se paseaba entre los empalados, cómo podía soportar el hedor. El voivoda agradeció su atención y lo hizo atravesar con un palo muy alto para que el hombre expirara ahí donde el aire era más puro. Un predicador, a quien gustaba comentar con ejemplos bíblicos, el tema de que el bien basado en la injusticia no prospera, refiriéndose evidentemente a los territorios boyardos expropiados, tampoco escapó al castigo. Vlad Tepes lo invitó a comer —mala señal—, desmigó un poco de pan en la sopa del sacerdote y lo acusó de ser infiel a sus principios, pues finalmente él se había "apropiado" del pan del voivoda.

Su obsesión contra todo lo no productivo, que en un principio centró en los mendigos, la desplazó al ámbito de la Iglesia cuando le pareció necesario. Se compadeció de dos monjes mendicantes que le pidieron limosna: "Ustedes llevan una vida miserable", les dijo, a lo que los monjes replicaron que de esa manera se ganarían el cielo. "¿Y están seguros de llegar ahí?", preguntó Vlad, a los que los monjes respondieron que así lo deseaban, pero que eso dependía de la voluntad de Dios. Naturalmente el voivoda se brindó a colaborar con la voluntad de Dios y mandó que los empalaran.

La energía del país, que ya no podía "desgastarse" en disputas entre boyardos, ni en crímenes, ni en sexo, que ya no se dispersaba en una minoría ni se desviaba hacia la compasión, se empleó en la construcción de fortalezas. Se fijaron dos proyectos. Para detener a los turcos en los límites del Danubio hizo fortificar la insignificante aldea de Bucarest. La elección del lugar obedeció a una consideración estratégica. No sólo pasaba por Bucarest el camino hacia Tirgoviste, Kronstadt y Braila, sino que, en sí, aquella fortificación representaba una amenaza directa para las plazas fuertes turcas en el Danubio, Giurgiu y Tutrakan. El segundo proyecto tenía un carácter privado. En el curso superior del Arges, en un valle apartado, Vlad Tepes ordenó la construcción de un refugio que pudiera brindarle protección militar en caso de una crisis política. No se trataba

Un castillo como el de Drácula atrae cientos de turistas interesados en las leyendas de vampiros.

de una fortaleza muy grande, dado que podía alojar a lo sumo trescientos hombres, pero, en un país en el que incluso la capital estaba débilmente reforzada, el castillo de Poenari constituía un excepcional punto de apoyo. Aislado y bien armado, no demasiado alejado de Transilvania, inspiraba a Vlad Tepes el grato sentimiento de tener un hogar. Había despejado el terreno en su principado, ahora podía dedicar nuevamente su atención a los obstinados comerciantes, y lo hizo con gran esmero.

La guerra se tomó un respiro. Los contendientes iniciaron nuevos preparativos. En 1458, Esteban asumió el papel del tercero en discordia, al conceder a los habitantes de Kronstadt amplios privilegios comerciales. Se lo agradecieron mediante una mayor actividad comercial y, en lugar de embarcar sus mercancías en los puertos valacos de Braila y Kilia, lo hicieron en el puerto moldavo de Akkerman.

En la primavera de 1460, los habitantes de Kronstadt volvieron a la carga con su candidato, Dan, quien también contaba con la bendición del rey de Hungría. Dan penetró en Valaquia a la cabeza de un ejército transilvano de emigrantes valacos. Vlad Tepes tuvo ocasión de poner a prueba su ejército reorganizado, en el que las reservas de los viejos boyardos eran ya entonces poco significativas. Dan fue vencido y hecho prisionero; el voivoda le concedió una muerte conforme a su dignidad: lo hizo decapitar. Previamente se celebraron funerales religiosos, durante los cuales Dan cavó su propia tumba.

Vlad Tepes apareció en abril por la región de Kronstadt. Al igual que el año anterior, aldeas incendiadas y empalados sembraron su camino; nadie logró salvarse. Los de Kronstadt comenzaron a claudicar. En cierto modo, Vlad Tepes los había empalado sobre la mesa de negociaciones. En junio intentó que le devolviesen a los prófugos que habían hallado asilo en Kronstadt. En julio, informó al gobernador que los preparativos de guerra que llevaba a cabo no estaban destinados a Kronstadt, sino a Fagaras y Amlas y que nada debía temer. Esto era al mismo tiempo una advertencia clara a Hermannstadt para que entregaran a Vlad Calugarul, quien vivía ahí.

En julio-agosto, se apoderó de ambas ciudades e hizo empalar a toda la población. Esta expedición represiva debió costar la vida a más de 20,000 personas. La repoblación de aldeas y villas destruidas tardó varias generaciones y muchas poblaciones permanecieron desiertas durante casi un siglo.

Las ciudades sajonas ya estaban hartas de estas guerras. Además, su alianza no funcionaba muy bien. La segunda unión de las naciones estamentales de 1459 se realizó más bien contra los turcos y Matthias Corvinus. En octubre se firmó un tratado de paz en el que Kronstadt se obligaba a devolver los exiliados valacos a Vlad Tepes; las ciudades sajonas se comprometían a poner cuatro mil hombres a disposición del voivoda valaco en caso de guerra contra los turcos. Moldavia u otros enemigos; recíprocamente, Vlad Tepes se comprometió a aportar igualmente 4,000 soldados si hubiera amenaza contra Tansilvania y aprobó un párrafo por el que se obligaba a luchar contra cualquier enemigo que intentara penetrar en Transilvania a través de Valaquia.

El acuerdo pasaba por alto la controvertida cuestión de la política comercial, de modo que se impuso el espíritu del príncipe. El último punto del acuerdo, que suponía una clara afrenta a los turcos y beneficiaba a las ciudades sajonas no constituyó inconveniente alguno para Vlad Tepes. La relación vasalla entre Turquía y Valaquia había sufrido ya un daño irreparable durante el verano. El contrato de Kronstadt estaba calculado sobre la base de la guerra con Turquía.

6

La campaña turca

En agosto de 1458, Enea Silvio Piccolomini fue elegido Papa con el nombre de Pío II. Encaró con gran energía su proyecto favorito de una cruzada paneuropea contra los turcos y, a tal efecto, convocó un consejo en Mantua.

Cuando llegó a esta ciudad, en mayo de 1459, no había acudido allí ningún soberano importante; poco a poco llegaron algunos embajadores, quienes, en su mayoría, se excusaron por no hallarse autorizados para tomar decisiones tan importantes como las que ahí se exigían. A pesar de las objeciones, Pio II siguió obstinándose y decidió emprender la cruzada.

Puesto en el papel, el plan parecía realmente impresionante. El imperio alemán tenía que facilitar 42,000 hombres, el duque de Borgoña 6,000. Venecia participaría con su cuota de guerra, y se contaba incluso con aliados tan exóticos como el príncipe de Georgia, que disponía de 60,000 jinetes, y el príncipe turcomano Usun-Hassan, quien había creado un reino en Persia y se convertía en un peligroso rival de Mehmed II. Para resaltar aún más el carácter extraordinario y la seriedad de la empresa, el emperador y el Papa participarían personalmente en la cruzada.

El habilidoso plan se fue desvirtuando y finalmente se deshizo en 1460. Los soberanos Federico III y Matthias Corvinus, elegidos por el Papa paladines de la cristiandad, lucharon precisamente entre sí por la corona de Hungría, y los venecianos declararon que sólo se sumarían a una cruzada si todas las potencias cristianas tomaban parte. La acusación papal de que eran más turcos que cristianos los dejó fríos.

Las tensiones entre los cristianos no mantuvieron quieto a Mehmed. Por primera vez desde su derrota en Belgrado, reapareció en 1459 en Servia, ocupó Semendria y convirtió el país en una provincia turca. Envió a aquellas tierras a 200,000 colonos, las dividió en feudos y nombró a un gobernador provincial. Para mayor seguridad de la provincia, dedicó mayor atención a las relaciones entre los Estados vecinos. El soberano de Bosnia pagó sumisamente el tributo que le había sido impuesto, pero el voivoda de Valaquia, a pesar de su declaración de vasallaje en 1456, no cumplió con su palabra. Mientras Mehmed convertía la región griega conquistada en una provincia turca, envió a Vlad Tepes una misión para recordarle de viva voz sus deberes como príncipe vasallo; pero Vlad se sintió lo suficientemente fuerte no sólo para negarse a negociar, sino también para hacerse valer como príncipe soberano, independiente del sultán:

> *Un día mandó llamar a uno de los enviados del sultán. Al llegar ante Vlad Tepes, se inclinó conservando sin embargo el turbante puesto, cual era la costumbre. Vlad Tepes le increpó: "¿Quién te autoriza a comportarte así en presencia de una gran soberano?" El otro respondió: "Señor, esta es la costumbre entre nosotros, ni siquiera ante el sultán nos quitamos el turbante". "Quiero entonces confirmarte en tus costumbres", dijo Vlad Tepes y ordenó que le clavaran con pequeños clavos el turbante en la cabeza. Luego lo despidió con estas palabras: "Dile a tu amo que tal vez esté habituado a soportar tales descuidos, pero yo no. Dile que puede fomentar sus costumbres y hábitos en su país, si le place, pero que desista de imponerlos a otros soberanos. Y ahora ¡vete!"*

Mehmed, por su lado, estableció un antecedente al decapitar en Constantinopla a Michael von Szilàgyi, apresado en noviembre al intentar recuperar Samedria y acusado de violar la paz. Ejecutar sin miramientos al tío del rey húngaro era una clara afrenta que equivalía a una declaración de guerra. Los negociadores de Vlad Tepes no hallaron dificultades en Buda: Matthias Corvintus convino una alianza con el príncipe y, reforzando aún más el pacto, prometió entregarle por esposa a una parienta suya.

Tan pronto como el sultán se enteró de este acuerdo, le encomendó a su comandante en la región del Danubio, Hamza, beg de Vidin, que normalizara la situación valaca y le envió, como consejero diplomático, a uno de sus secretarios, Jenus Beg, quien entes de convertirse al islamismo, se llamaba Katabolenos, era griego y considerado un astuto negociador. El propio Mehmed se dirigió hacia el este contra Usun-Hassan, quien desvergonzadamente se había atrevido a exigirle un tributo y procuraba sembrar la inquietud entre los principados turcos al este de Anatolia.

La prolongada tregua de los cristianos transcurrió sin ser aprovechada. Por cierto, la posición de Matthias Corvius respecto a Federico III había mejorado, pero aún estaba muy lejos de la paz. Pío II tampoco pudo entusiasmar a nadie para una cruzada en 1461. El príncipe albano Kastriota se separó de una potencial alianza cristiana y acordó un armisticio con los turcos; su país estaba en completa penuria a causa de la prolongada guerra. El nuevo rey de Bosnia, Stepan Tomasevic, se dedicó únicamente a pelear contra los bogomilos y, tras cuatro meses de gobierno, se declaró en bancarrota política.

Otro posible aliado, Esteban de Moldavia, invadió entretanto Transilvania y saqueó el país de los szeklers, porque ahí había encontrado asilo su enemigo Peter Aron.

De modo que, de hecho, Vlad Tepes sólo podía contar con Matthias Corvinus y las ciudades sajonas, como le informó Katabolenos, el enviado de Mehmed, quien ofreció al voivoda el perdón del sultán a cambio de que él accediera a personarse en la corte turca con el tributo pendiente de 10,000 ducados y 500 hombres. Debía además anular su alianza con Hungría y renunciar al proyecto de matrimonio que le uniría a la familia real húngara. Estas exigencias suponían una mayor humillación y una ofensa a la soberanía del principado. Valaquia había podido librarse hasta ese momento del sistema Dewschirne. Vlad Tepes se negó rotundamente. Disponía del dinero pero, al igual que los jóvenes, no quería enviarlo a la corte del sultán, ni sentía deseos de viajar. Katabolenos no se mostró disgustado, tan sólo rogó humildemente al príncipe que, dado que se había negado a todo, lo acompañara al menos hasta la frontera. Vlad Tepes había vivido demasiado tiempo en la corte del sultán como para caer en la trampa. Por ese motivo, organizó un importante ejército para "acompañar" a Katabolenos.

> *Mehmed le había ordenado al beg de Vidin, Hamza, que le entregara a Vlad Tepes por la fuerza o la astucia. Hamza lo intentó en complicidad con el secretario griego de Mehmed. Éste se hizo acompañar por Vlad durante el trayecto de regreso e informó a Hamza de la fecha de la partida y el lugar del encuentro. Se produjo el asalto, y Vlad no sólo se defendió, sino que luchó tan bien que Hamza se vio obligado a huir. Fue atrapado y, al igual que al resto de los prisioneros turcos, le fueron cortados los pies y las manos; fue empalado como todos, con la única diferencia de que a él le correspondió un palo más alto. Este escarmiento sirvió para que su propia gente advirtiera lo que podía sucederle si no se mantenía fiel al soberano.*

No conforme con ello, Vlad Tepes persiguió a las tropas de Hanza tan cerca que, cuando las puertas de la fortaleza de Giurgiu se abrieron para recibir a los jinetes turcos, no pudieron cerrarse a tiempo. Vlad Tepes mandó incendiar la ciudad.

A finales de 1461, llegó a Adrianápolis, donde se hallaba Mehmed tras una campaña contra Usun-Hassan, la mala noticia de la victoria de Vlad Tepes. El sultán fue presa de un ataque de ira y, con sus propias manos, molió a palos al portador de la noticia. Su rabia aumentó aún más cuando supo de los siguientes éxitos del voivoda valaco.

En invierno, Vlad Tepes había pasado a la ofensiva atravesando la orilla sur del Danubio y atacando las posiciones turcas en un frente amplio. Sus tropas expulsaron a los turcos de casi todas las fortalezas del Danubio. En toda la zona baje del río sólo resistían Nikopolis y Vidin. El voivoda pasó de largo frente a ellas y se internó profundamente en Bulgaria, con el propósito de evitar, mediante batidas de exterminio ("tierra quemada"), la implacable campaña turca de represalia. El 11 de febrero de 1462 le entregó a Matthias Corvinus un detallado informe, impresionante sobre todo por su cruel exactitud. Para reforzar la verosimilitud de los detalles, Vlad Tepes añadió al escrito dos sacos llenos de orejas, narices y cabezas.

He matado a hombres y mujeres, a viejos y jóvenes, desde Oblucitza y Novoselo, donde el Danubio entra en el mar, hasta Samovit y Ghigen. Hemos matado a 23,884 turcos y búlgaros, sin contar aquéllos a los que quemamos en sus casas, o cuyas cabezas no fueron cortadas por nuestros soldados... 1,350 en Novoselo; 6,840 en Silistria; 343 en Orsova; 840 en Bactrem; 630 en Tutrakan; 210 en Marotim; 6,414 en Gurgiu; 343 en Turnu; 410 en Sistov; 1,138 en Nikopolis; 1,460 en Rahovo.

Reunid a vuestros ejércitos, caballería e infantería, venid a nuestro país y luchad d nuestro lado. En caso de que Su Alteza se vea imposibilitado de proporcionar ayuda personalmente, enviad a vuestro ejército a Transilvania... y, en caso de que Vuestra Majestad tampoco desee hacer esto, enviad a quien queráis; pero sobre todo influid sobre los transilvanos y los szeklers. Y, si Su Alteza está dispuesta a prestar ayuda, entonces no tardéis... Terminemos juntos lo que juntos hemos iniciado, y aprovechemos esta situación; puesto que si Dios Todopoderoso escucha las oraciones y los ruegos de los cristianos, si favorece los ruegos de sus piadosos servidores, nos concederá la victoria sobre los infieles, enemigos de la cruz.

Los embajadores venecianos en Hungría, el Papa, el rey de Polonia y Esteban de Moldavia recibieron escritos semejantes. En marzo, Matthias Corvinus se declaró partidario de prestar ayuda; por lo demás, y en el mejor de los casos, las cartas recogieron declaraciones de simpatía, poco comprometidas. Pero el ataque de Vlad Tepes produjo un verdadero alivio y un alegría en Bosnia y entre los caballeros de Rodas, quienes daban ya por descontada una campaña turca para 1462. Ahora podían estar tranquilos, puesto que el rayo caería en casa del vecino.

De hecho, Mehmed no estaba dispuesto a tolerar semejante provocación. Estaba en juego su prestigio. ¿Acaso podía él, soberano del mundo, presenciar cómo un pequeño príncipe cristiano atacaba una provincia turca, masacraba a sus habitantes y empalaba a sus embajadores? Mehmed se decidió a conducir personalmente la campaña. El ejército de 100,000 hombres que consiguió reunir, no sólo calculaba someter definitivamente Valaquia, a la que el sultán convertiría aparentemente en una provincia, sino que, repitiendo la campaña de su padre Murad, en 1438, avanzaría hasta Transilvania.

Los turcos se pusieron en marcha en abril. Gran parte del ejército se desplazó hacia el norte, a través de Bulgaria. Otra parte, menor, en la que se hallaba Mehmed, navegó con toda una flota por el Danubio. El antiguo favorito de Mehmed, Radu el Hermoso, lo acompañaba. Radu estaba destinado a ser el nuevo voivoda y llevó consigo a aquellos valacos que antes del "programa de reformas" de su hermano, habían huido a la corte del sultán. Las tropas turcas se reunieron en Nikopolis hacia el mes de mayo. Esteban el Grande, como vasallo de Turquía, acudió al llamamiento.

Desde 1460, a partir del momento en que se había negado a pagar el tributo, Vlad Tepes sabía que se produciría un ataque turco. Su política antiboyarda le facilitó el pago de mercenarios, aunque el rendimiento militar del principado fuera aún evidentemente limitado y jamás pudiera rivalizar con los dispositivos bélicos de Turquía. Por ese motivo intentó aliarse a Hungría. Matthias Corvinus no acudió. El rey estaba muy ocupado en acabar definitivamente con las hostilidades entre él y Federico III, y negociaba, al mismo tiempo, con el rey de Bosnia una alianza y cesión a Hungría de territorios en disputa. En su lugar, ordenó a los transilvanos que apoyasen a Vlad Tepes, pero estos no lo hicieron. Por lo tanto, el principado se quedó solo ante los turcos. Vlad Tepes había reclutado más de 20,000 hombres; eran en su mayoría campesinos libres, o nuevos nobles, que le debían posesión y rango. Los miembros que aún sobrevivían de las antiguas familias boyardas se abstuvieron de participar, como era de suponerse. La única estrategia de resistencia sensata consistía en impedir el despliegue de las fuerzas turcas e intentar que el coloso tropezara con sus propios pies. Kastriota había demostrado durante 18 años que esto era posible con tropas disciplinadas.

El propósito del sultán era cruzar el Danubio, y la tarea de Vlad Tepes debía ser precisamente impedírselo. Un jenízaro que participó en la lucha escribió:

Cuando estábamos a orillas del Danubio, en Nikopolis, y mientras en voivoda Drácula trataba con su ejército de cerrarnos el paso por el río, el sultán dijo a sus jenízaros: "Queridos corderillos, lo que es mío es también vuestro, y en particular mis tesoros. Aconsejadme pues qué nos conviene, cómo puedo cruzar a la otra orilla, a pesar de mis enemigos". Ellos le respondieron: "Bienamado Señor, disponed barcos, arriesgaremos de noche nuestras vidas para alcanzar el otro lado". Entonces el sultán ordenó que se prepararan ochenta grandes barcos bien provistos y otros aparejos de guerra, fusiles, obuses, cañones y bombardas. Al anochecer, embarcamos y nos dejamos arrastrar rápidamente río abajo, para que no se oyera ni el chapotear de los remos ni las voces humanas. Alcanzamos la otra orilla unos cien pasos más abajo del lugar donde se hallaba el ejército enemigo. Allí nos atrincheramos, nos rodeamos de escudos y plantamos lanzas en torno para que la caballería no pudiera alcanzarnos. Luego, regresaron los barcos y cruzaron al resto de los jenízaros.

Nos pusimos en posición de combate y avanzamos lentamente con escudos, lanzas y cañones apuntando al ejército enemigo. Cuando estuvimos a escasa distancia, nos detuvimos y dispusimos la artillería. Pero, a estas alturas habían muerto ya 250 jenízaros bajo el fuego de los cañones enemigos. El sultán, quien desde la otra orilla seguía el desarrollo del avance, se lamentaba de no poder acudir con su ejército a prestar ayuda, y le invadió el gran temor de que pudieran acabar con todos sus jenízaros. Cuando nos dimos cuenta de que caíamos como moscas, nos pusimos a disparar, y como disponíamos de 120 obuses, abrimos fuego varias veces, consiguiendo desplazar todo el ejército enemigo, luego nos protegimos mejor y con más cuidado. El sultán envió un segundo contingente de infantería –llamado "asabe"–, que debía cruzar hasta nosotros lo más rápidamente posible. Cuando Drácula vio que de ningún modo podía prohibir el paso, se retiró.

Como se verá, aquí se reunían todos los elementos que hacían posible la superioridad turca : la flota facilita el paso de un río, la tropa de jenízaros se afianza enseguida provisionalmente de la vanguardia, respaldada por la artillería.

El experimentado Vlad Tepes, quien conoce bien el estilo de lucha turca, no ataca el campamento, espera que los jenízaros, menospreciando a sus enemigos, inicien la ofensiva e instalen sus cañones. Así consigue un éxito inicial. Pero, cuando advierte que la fuerza superior de los jenízaros desmoraliza a sus propias tropas y que no puede impedir la llegada de los refuerzos, se retira; no quiere enfrentase al sultán, no desea arriesgarse a una derrota que sería la última, puesto que no dispone de reservas, sino que procura más bien mantener intacto su pequeño ejército.

El voivoda desaparece con sus tropas en los inaccesibles robledales de la planicie danubia. El avance turco atraviesa tan sólo regiones despobladas. Por indicación de Vlad Tepes, la población se había refugiado en los bosques y las montañas, y había llevado consigo víveres y ganado; lo que quedó atrás fue incendiado, los pozos de agua fueron inutilizados y destruidas las casas. El verano era caluroso. El ejército turco avanzaba en "filas apretadas", esto es, en formación de combate. Eran sorprendidos en la retaguardia por permanentes ataques . Pequeños contingentes, que partían en busca de provisiones eran apresados y muertos por ubicuos guerreros del voivoda.

Seis millas de camino y sin una gota de agua; hacía tanto calor que la tierra quemaba como el fuego, el metal parecía fundirse como la cera, y el corazón del guerrero ardía de calor y sed.

Una noche, Vlad Tepes ataca por sorpresa. Se dice que él en persona había espiado el campamento turco, lo cual no es descabellado, puesto que, además de su crueldad, era conocido por su valentía. En general, parece ser que el voivoda no escatima riesgos y que es bastante hábil en el manejo del arco y la espada.

Ataca el campamento turco con 7,000 hombres y aniquila a las tropas anatolias con el propósito de abrirse paso hasta la tienda del sultán. Pero, en la oscuridad, no logra el objetivo y llega por error a la tienda del Gran Visir. Los turcos organizan con esfuerzo la defensa. Cuando, al amanecer, cesa la lucha, los turcos han sufrido graves pérdidas y los valacos salen relativamente indemnes.

Muy de acuerdo a su política de temor Vlad Tepes solía emplear un método especial de justicia tras la batalla: recompensaba a los heridos que presentaban sus heridas por delante, pero aquellos que presentaban heridas por la espalda eran empalados de inmediato. El procedimiento afianzaba la disciplina, pero no favorecía la popularidad del príncipe.

Mehmed, a quien cada vez convenía menos esta guerra, se dirigió a Tirgoviste. Tomó muy en serio a su enemigo. El campamento fue esta vez reforzado, y la marcha se llevó a cabo con grandes medidas de precaución. Poco antes de que Mehmed alcanzara la capital del principado, pasó por el "bosque de empalados". Los enemigos del príncipe que habían sido ejecutados —turcos, búlgaros, alemanes, húngaros y boyardos— permanecían expuestos con el fin de aterrorizar a los eventuales oponentes.

> *Sobre un extenso llano de 17 estadios de largo y siete de ancho, tropezó con el cadáver de Hamza, y luego con un bosque de palos en los que estaban clavados 20,000 hombres. Entre esas víctimas del despotismo se encontraban lactantes que habían sido arrebatados del pecho de sus madres y en cuyos vientres anidaban los pájaros. La visión despertó horror y consternación, incluso entre los salvajes turcos. Mehmed expresó, por una parte, que un hombre que había sido tan cruel con sus súbditos, sin que ellos lo abandonasen, debía conocer muy bien el arte oriental de dominar conforme al terror, y no sería fácilmente reemplazado en el trono; por otra parte, y en honor a su corazón no completamente pervertido, declaró que no podía apreciar a hombre tan terrorífico.*

Su entrada en Tirgoviste no fue propiamente un triunfo. La ciudad estaba desierta y con las puertas abiertas. La máquina de guerra turca golpeaba en el vacío. No había ningún enemigo al cual golpear con los cañones, nadie que se enfrentara a los jenízaros; no había ni ciudades, ni fortalezas que protegieran los territorios y el problema de la alimentación se hizo más apremiante.

En situación tan confusa, intervino Esteban. A él le importaba muy poco la gloria de pasar a la historia como alguien que había hecho frente a los turcos, al lado de los rumanos de Valaquia. Sus preocupaciones no eran idealistas, sino meramente prácticas. No confiaba en que Vlad Tepes derrotara solo al invasor turco... ¿Qué era lo más indicado para aprovechar el activo de la quiebra y ocupar la estratégica ciudad de Kilia? Esto redundaba también en el interés del propio principado. Si Vlad Tepes era vencido, Moldavia pasaría a ser el primero y más inmediato eslabón de la expansión turca, por lo que era menester tomar cartas en el asunto.

Vlad Tepes se hallaba bajo una creciente presión. Los transilvanos no acudían, y mucho menos los húngaros; y entonces, para colmo, tenía a Esteban pisándole los talones y a su hermano Radu reclutando prosélitos en su propio territorio. Vlad Tepes dividió a sus tropas. Con 10,000 hombres se lanzó contra Esteban. Llegó a Kilia justo a tiempo y puso en fuga al voivoda moldavo. Vlad Tepes había recomendado al resto de su ejército que operaba contra los turcos, que siguiera con la táctica de guerrilla empleada hasta aquel momento y que en ningún caso se expusiese a un enfrentamiento directo. Aquel buen consejo no fue del todo acatado. Mehmed consiguió embarcar a los valacos en una gran batalla, en la que capturó 2,000 hombres; todos fueron decapitados. En esta guerra, ambas partes no se andaban con miramientos.

Esa pequeña victoria dio un respiro a Mehmed. Disminuyeron las acciones guerrilleras y los soldados turcos comenzaron su labor de saqueo en el país. Luego, Mehmed puso fin a su campaña. Su prudente retirada demuestra que en realidad se sentía muy inseguro. Su mejor comandante guió la retirada, y el once de julio Mehmed ya se encontraba de nuevo en Adrianópolis.

Radu representaría los intereses turcos y los suyos propios, y para ello el sultán le dejó tropas suficientes como para sostenerse con autonomía. Los boyardos, enemigos de Vlad Tepes, se acercaron a él. El país en su conjunto estaba agotado, devastado por Vlad y por los turcos. Radu garantizaba cierta armonía con el sultán, lo cual era decisivo. Radu fue proclamado nuevo voivoda en agosto. Vlad Tepes todavía se mantenía con el resto de su ejército. Confiaba impaciente en el rey de Hungría, que ya se había puesto en marcha con sus fuerzas. A mediados de septiembre, Matthias Corvinus llegó a la ciudad de Turda y, en los primeros días de noviembre, por fin, a Kronstadt. Vlad Tepes se puso inmediatamente a sus órdenes.

¿Quién había ganado la guerra? Mehmed podía afirmar que él no había perdido, puesto que Radu, su aliado, estaba por ser reconocido como el nuevo voivoda. Pero, desde el punto de vista de un balance general, el resultado de la campaña no le satisfacía del todo. Valaquia conservaba su estatus autónomo. No había podido invadir Transilvania y aún menos Hungría. Un par de fortalezas y algo de ganado eran los únicos resultados palpables, y eso a costa de importantes pérdidas en el ejército turco.

Pero quien seguro había perdido era el voivoda valaco. Su concepto de política exterior había fracasado. Se edificaba sobre alianzas que, a fin de cuentas, no se realizaron. Su tenaz resistencia y la táctica de guerrilla, que consistía en acosar duramente a los turcos le hubiera permitido tal vez cierta influencia política, si el ataque de Esteban no lo hubiera obligado a dividir sus fuerzas. Contribuyó igualmente a que el ejército turco estuviera debilitado, pero no derrotado. La amenaza de otra campaña al año siguiente,

Los vampiros han inspirado toda una serie de novelas y películas.

de la que se pavoneaba Radu, era desde todo punto de vista real y elevó considerablemente el número de seguidores. Pero el factor decisivo radica en el hecho de que, para imponer sus objetivos de política interna y exterior, Vlad Tepes había recurrido de tal manera al instrumento del terror político que, en última instancia, se aisló de aquellos precisamente a quienes hubiera necesitado como base de su poder. En número de víctimas suyas sube de 40,000 a 100,000.

Matthias Corvinus fue quien, de hecho, aprovechó el resultado incierto de la guerra. Su abstencionismo demostró ser la mejor política, Esteban, quien desde 1458 había sometido su principado al rey polaco, enojando a los húngaros por ese motivo y por su ataque a Transilvania, aparecía entonces como amigo de los turcos y como un general sin éxito. Se había eliminado también el peligro de que un principado valaco demasiado fuerte pudiera significar una amenaza para la Transilvania húngara. Pero, en 1462, alcanzó dimensión europea por el hecho de que, con esta campaña, había fracasado el segundo intento de Mehmed por derrotar para siempre al reino húngaro. Vlad Tepes no dudaba de que sus parientes reales lo honrarían por esta hazaña, perfectamente comparable al levantamiento del sitio de Belgrado.

7

Un suave cautiverio

Antes de que Vlad Tepes fuera recibido por el rey de Hungría, había intervenido ya una comisión de las ciudades sajonas, que presentó una detallada lista de protestas con la que justificaba además su abstención en la guerra contra los turcos. Por eso, cuando a comienzos de noviembre de 1462, su vasallo valaco entró en Kronstadt con una pequeña comitiva, Matthias Corvinus le brindó una fría acogida, dándole a entender que ahora le tocaba esperar.

Pronto intervinieron otros interlocutores. Una embajada de boyardos valacos informó al rey sobre el estado de su país y apoyaron las acusaciones sajonas con una exhaustiva relación de hechos. Entretanto, Radu el Hermoso reconocía la supremacía húngara y debía hacer, por tanto, concesiones a las ciudades sajonas.

No era asunto sencillo para el rey húngaro. Con todo, Vlad Tepes había firmado un pacto con él, y el Papa, quien había entregado a Matthias Corvinus una gran cantidad de dinero para la guerra contra los turcos, esperaba algo más que una mera demostración del poder cristiano. Por otra parte, las circunstancias no se mostraban favorables a una continuación de la campaña. El otoño estaba a muy avanzado y los países por donde el ejército debía marchar, Valaquia y el norte de Bulgaria, se encontrarían impracticables.

Por último, había que plantearse el objetivo real de semejante campaña. ¿Acaso podía exigir de los valacos, e indirectamente también de los transilvanos, a un voivoda como Vlad Tepes que a todas luces producía tanto rechazo en su propio país y en el extranjero? De todas maneras las ciudades sajonas habían expresado ya su decidido rechazo y, si el rey tenía la amabilidad de tenerlo en cuenta, los gobernadores sabrían valorar su importancia.

Por último, Matthias Corvinus tampoco podía olvidar su propia situación, su posición política interna, algo inestable frente a un Federico III, quien especulaba con una posible derrota y la consecuente ocasión favorable para quitarle el trono. Además, la postura de Esteban, el príncipe moldavo, que era totalmente incierta.

El rey no se apresuró. Pasaron dos semanas, durante las cuales tanteó con sumo cuidado la situación. Entonces, quiso la casualidad que llegaran a su conocimiento dos cartas que Vlad Tepes había redactado el 7 de noviembre de 1462, en un lugar llamado Rothel, y que estaban dirigidas a Mehmed II y a Esteban de Moldavia. Esas cartas lo llenaron de indignación. El voivoda no sólo pretendía incrementar las hostilidades, ofreciendo a Mehmed incluso una alianza y prometiéndole la posesión de Valaquia, Transilvania y la totalidad de Hungría, y además insinuaba que, bajo ciertas condiciones favorables, podría apoderarse de la persona del rey Húngaro.

Esta era una traición lisa y llana, pero simplificó las cosas. Matthias Corvinus capturó al voivoda, quien no se hallaba en Kronstadt, sino, sospechosamente, cerca de la frontera, y ordenó que lo trasladaran a Hungría. Las cosas se arreglaron de inmediato, Radu fue reconocido voivoda de Valaquia, las ciudades sajonas se alegraron. El Papa fue informado de la vergonzosa caída del príncipe y le dejaron alimentar esperanzas acerca de una posible campaña en contra de los turcos al siguiente año. A mediados de diciembre, el rey estaba de vuelta en Buda.

Los historiadores rumanos opinan que las cartas que inculpaban a Vlad Tepes eran apócrifas, lo cual es perfectamente posible, aunque también lo es la disponibilidad de Vlad Tepes a la traición, pues eso le era conveniente, dado que había sido obligado a retirarse, sacrificando con ello su poder. En realidad él había sido abandonado y sacrificado por todos. La conducta del rey bien pudo arrastrarlo a jugarse el todo por el todo.

Cabe destacar, por cierto, la benevolencia con la que se enfrentó Matthias Corvinus a la evidente traición del príncipe, teniendo en cuenta que, en otras ocasiones, no había vacilado en proceder con gran energía. Su decisión de no decapitarlo, que era un castigo usual para los traidores, sino de recluirlo en una prisión, podía ser una prueba de que no había tomado demasiado en serio las cartas de Rothel, o tal vez una expresión de su mala conciencia por no haber cumplido con sus deberes de aliado.

Vlad Tepes fue prisionero del rey de Hungría durante doce largos años, de 1462 a 1475. La pregunta de si permaneció arrestado en Buda o en su residencia de verano de Visegrtad, a unos cuarenta kilómetros al norte, tiene fácil respuesta: según la época del año, se alojaba en una o en otra. Es poco probable que lo encadenaran y lo recluyeran en una celda, más bien parece que desempeñó en la corte húngara el papel de atracción bárbara: en ciertas ocasiones lo exhibían para suscitar el escalofrío de la gente. El historiador Florescu señala que su nombre no figuraba en la lista de presos políticos del reino, a los que solía recluirse en la torre de Salomón de Visegrad. Por lo tanto, el arresto fue simplemente domiciliario, y aunque fue estricto al principio, se fue atenuando luego, tras la conversión de Vlad Tepes al catolicismo romano.

Los manuscritos rusos informan que Matthias Corvinus consideraba el cambio de confesión como condición indispensable para que se realizara aquel matrimonio previsto en el contrato de alianza de 1461. Una vez que Vlad

Tepes se aviniera a ello, se celebraría una boda y la pareja nupcial ocuparía una casa en Buda, cosa que estaba prevista para 1467. Ya sea ésta la versión correcta, o aquella según la cual Vlad Tepes se convirtió al catolicismo y se casó en 1473, lo cierto es que, en los doce años que el príncipe pasó en Buda o Visegrad, él vivió como un mero observador, sin poder ni influencia; aunque tampoco fue aislado del todo del desarrollo de los acontecimientos políticos de Europa.

La prisión no parece haber suprimido sus convicciones. De creer en los manuscritos rusos, aquél no fue de ningún modo un periodo de arrepentimiento o introspección, sino más bien una continuación, en pequeña escala, de su "pedagogía del terror". Él se complacía en verse como amo y señor de la vida y de la muerte, condenaba y recompensaba a su antojo, sólo que sus súbditos eran harto diferentes:

> *Se cuenta de él que ni siquiera en prisión se liberó de sus malas inclinaciones. Cazaba ratones y compraba pájaros en el mercado para empalarlos. A unos les cortaba la cabeza y a otros los adornaba con plumas y les devolvía la libertad; aprendió a encuadernar libros y con ello se procuraba los medios de subsistencia.*

Mientras Vlad Tepes progresaba como encuadernador, Matthias Corvinus, Mehmed II y Esteban el Grande consolidaban sus dominios y sus respectivas posiciones en el poder. Cuando el rey húngaro puso fin a las hostilidades con Federico III en la paz de Viena de 1463, se dedicó a la creación de un ejército permanente y de una tropa de infantería compuesta por 8,000 hombres. Para ello, impuso la necesaria reforma fiscal en la Dieta de 1466 y derrotó en Transilvania la revuelta de los nobles de 1467, provocada precisamente por ese motivo, a la que se sumaron las ciudades sajonas. Los líderes fueron capturados y condenados a muerte.

En aquellos tiempos, el príncipe moldavo Esteban gobernaba de manera afortunada; con una mezcla equilibrada de intimidación y generosidad supo manejar a los grandes boyardos, a tres de los cuales, para establecer un castigo ejemplar, mando decapitar tras una probada conspiración en su contra. Él procedió con una precaución mucho mayor que Vlad Tepes, esforzándose siempre por aceptar el poderío militar de los boyardos, pero reduciendo su carácter de ejército independiente a las funciones de una nobleza de hidalgos.

Gracias a sus éxitos en política interior, ambos gobernantes adquirieron autoridad en política exterior. En 1465, Esteban ocupó la anhelada Kilia y, en 1467, apoyó la revuelta de la nobleza transilvana contra su soberano. Aun con fuerzas inferiores, logró vencer en Baia a la expedición punitiva húngara que siguió a la revuelta. Al igual que Vlad Tepes lo hiciera con el sultán en 1462, se abalanzó sobre el ejército húngaro en un sorpresivo ataque nocturno. Los húngaros sufrieron graves pérdidas, Matthias Corvinus fue herido en la espalda por una flecha y el ejército se vio obligado a retirarse a Transilvania sin haber logrado su propósito. Tampoco les fue muy bien a los tártaros, quienes vinieron del este en 1469 e invadieron la Moldavia.

A partir de 1470, Esteban el Grande obtuvo *de facto* la soberanía de su principado, respaldado por el hecho de que sus potenciales soberanos cristianos, los de Hungría y Polonia, se hallaban en guerra por la posesión de la corona de Bohemia, conflicto que se prolongó con interrupciones hasta 1479.

El que ambos, Esteban y Matthias Corvinus, tuviesen tiempo para consolidar su poder en el interior y el que este último pudiera intervenir en la guerra de Bohemia, que le procuraría nada menos que el predominio en Europa centro-oriental, lo debían ante todo a los venecianos y a Usun-Hassan, soberano de Persia. No tanto porque Venecia hubiese estado presionada por el viejo Pío II, quien, una vez más, en 1463, predicó y anunció una cruzada que él conduciría personalmente; los venecianos habían llegado más bien a un punto en el que no podían asistir de brazos cruzados a la expansión del poder turco. En 1463 había caído Bosnia y, con ello, Venecia quedaba al alcance inmediato de los turcos. Cuando, el 28 de julio de 1463, en la ciudad de Laguna, los turcos atacaron las posesiones venecianas en Grecia, los venecianos decidieron por escasa mayoría declarar la guerra al imperio otomano.

8

Un regreso hacia la muerte

Cuando, en 1475, Matthias Corvinus puso en libertad a Vlad Tepes, todavía duraba la guerra entre turcos y venecianos. La cruzada, con la que había soñado Pío II, finalmente no se había llevado a cabo. Las potencias europeas estaban ocupadas con sus propios problemas y no mostraron el más mínimo interés por intervenir en una guerra cuyo resultado favorable beneficiaría tan sólo a Venecia. Por lo tanto, ésta la asumió sola, cayendo así en la ruina, cosa que alegró bastante a muchos. En 1468 murió Georg Kastriota, con lo que se disolvió la resistencia albana. En 1470, Mehmed conquistó Negroponte, en Eubea, ciudad que, para los venecianos, valía "cuatro veces más que Constantinopla". Esa pérdida significó la quiebra del poder veneciano en el Egeo. Incluso la prometedora alianza que firmó Venecia en 1472 con Usun-Hassan, para realizar un movimiento en forma de pinza entre el Este y el Oeste, no fue en modo alguno beneficiosa para la ciudad. El moderno ejército turco derrotó a las tropas de Usun-Hassan en dos campañas llevadas a cabo en 1472 y en 1473. Las acciones de hostigamiento, que los venecianos emprendieron paralelamente en las costas del Asia Menor, obtuvieron buen resultado, pero no fueron decisivas desde el punto de vista militar.

Hay que reconocer, sin embargo, que la guerra entre

turcos y venecianos, con las intervenciones persas, fue un alivio importante para los vecinos del norte de Turquía, Hungría y Moldavia. El peso principal de las operaciones quedó desplazado hacia el sur y el este. Entre 1464 y 1475, no tuvo lugar ninguna campaña turca importante contra los estados cristianos al norte del Danubio. Las acciones represivas que, desde 1468, realizaban los turcos, no detuvieron a Matthius ni a Federico en su disputa por la corona bohemia; fueron los campesinos y los nobles de las provincias limítrofes los que tuvieron que vérselas con los turcos, y se las arreglaron muy mal:

> *Nada hizo el emperador y las autoridades austriacas para defenderlos contra los temibles enemigos. Los habitantes de las tierras llanas, campesinos que no podían refugiarse en las plazas fortificadas, se irritaron de tal modo por la inactividad de los señores y los distintos estamentos oficiales que acusaron a estos últimos de complicidad con los turcos, de formar una alianza contra los señores y de conspirar contra la autoridad. Pero, incluso en Croacia, donde Matthias Corvinus tuvo que tomar medidas de protección, el éxito fue tan nimio como en las tierras del emperador.*

Las cosas no iban mejor en los demás sectores fronterizos. Radu el Hermoso, quien pagaba puntualmente al sultán el tributo, incrementado en seis veces, permitió que Valaquia se integrara al área de poder turco de un modo jamás conocido hasta entonces. Los *begs* del Danubio se establecieron en la zona como en su casa e instalaron graneros para proveer a las tropas ahí destacadas; los puntos de apoyo se extendieron más allá de la orilla izquierda del Danubio y se construyeron otros nuevos, desde los cuales las tropas emprendían avances hacia Transilvania y Moldavia.

Así pues, Esteban el Grande fue el único en aprovechar

consecuentemente, en el marco de sus limitadas posibilidades, la relativa debilidad de los turcos, o sea, el desplazamiento del centro de gravedad militar. La situación de Valaquia favoreció un acercamiento de Esteban a Transilvania. Como cabía esperar poco del rey, que seguía en la guerra por Bohemia, los de Kronstadt se esforzaron en entrar en tratos con Esteban:

> *En tanto fuísteis elegido y enviado por Dios para la defensa de Transilvania..., deseamos con anhelo y cariño que Vuestra Alteza se apresure a venir a estas regiones con el fin de protegerlas de los cruces turcos.*

Esteban aceptó el ofrecimiento, que al mismo tiempo redundaba en su propio interés, marchó en febrero de 1470 hacia Valaquia e incendió la ciudad de Braila. La anticampaña que Radu organizó al año siguiente, con el apoyo de las tropas turcas salió muy mal. En 1473, cuando Mehmed luchaba muy lejos de ahí, hacia el este, con Usun-Hassan, a Esteban le pareció el momento propicio para saldar definitivamente cuentas con Radu. En noviembre lo expulsó del país e instaló a Basarab Laiota en el puesto de voivoda; sin embargo, cuando en diciembre Esteban regresaba a Moldavia, el obstinado Radu, a la cabeza de 17,000 turcos, volvió a atacar y puso en fuga al protegido de Esteban. El carrusel del poder se puso entonces en movimiento. En 1474, Esteban intervino para reinstalar a su candidato; pero de Transilvania surgió rápidamente otro candidato, con lo que se produjo un curioso cambio de frente y, por último, Mehmed se hartó. Dispuso que Esteban se retirara de Valaquia, pagara el tributo pendiente y, como castigo por sus acciones militares, cediera Kilia y Akkerman a los turcos. Como era de esperar, Esteban se negó. Por supuesto, el sultán contaba con ello, y le dio órdenes al Gran Visir Suleimán, quien luchaba en Albania con las reservas rumelias, para que se movilizara hacia el noreste.

Hacia finales del otoño de 1474, Suleimán cruzó el Danubio y, a través de la devastada Valaquia, avanzó contra Esteban en Moldavia, que no se encontraba en mejor estado. Al igual que Vlad Tepes, Esteban confió en debilitar, mediante la táctica de la tierra quemada, el enemigo, quien, por cierto, comenzaba ya a sufrir por carencia de víveres. Y también al igual que Vlad Tepes, el príncipe moldavo se retiró a los bosques y pantanos con sus tropas, reforzadas por los szeklers y transilvanos. El ejército turco cayó en la trampa. El 10 de enero de 1475 fueron aniquilados en Vaslui, sólo lograron salvarse restos lamentables de un gran ejército que se estimaba en más de cincuenta mil soldados. Jamás nadie, se quejaba la viuda de Mehmed, había infligido semejante derrota a los turcos. Esteban envió de inmediato cartas al Papa, a Hungría , a Polonia y a Venecia, en las que no sólo comunicaba la victoria, sino que, ante todo, solicitaba ayuda. El voivoda moldavo calculaba, con razón, que Mehmed no toleraría esta ignominia y se podía prever una represalia para el verano de 1475.

La ocasión para una coalición anti-otomana parecía favorable; pero, a pesar de todo, no se podía esperar demasiada ayuda por parte de Venecia. La ciudad que durante doce años había asumido sola la guerra contra los turcos, estaba agotada financiera y militarmente. Pero Matthias Corvinus se pondría a su disposición. En noviembre de 1474, presionado por los estamentos húngaros, Corvinus se vio forzado a celebrar un armisticio con el rey Casimiro IV de Polonia, ya que, en Hungría, opinaban que las acciones de saqueo llevadas a cabo anualmente por los turcos no podían continuar. La Dieta puso a disposición del rey medios considerables para la guerra contra los turcos; la victoria de Esteban fue recibida con entusiasmo y, el 12 de julio de 1475, Matthias Corvinus y Esteban el Grande firmaban un tratado de alianza contra el "enemigo mortal de la cristiandad". Pero fue el caso que no pudieron concretar acuerdo alguno con Polonia.

Fue en estas circunstancias cuando se acordaron de la existencia de Vlad Tepes. El terrible presagio del ex voivoda de Valaquia no había perdido actualidad entre los turcos. Su capacidad militar era indiscutible, por lo que Matthias Coarvinus ordenó su libertad y le entregó 200 ducados para gastos de viaje. Vlad Tepes se dirigió de inmediato a Transilvania para obtener ahí información de primera mano. A diferencia de su primer exilio en Transilvania, esta vez prefirió permanecer en Hermannstadt. A mediados de aquel año se difundió la noticia de que el sultán yacía enfermo y de que la campaña de Moldavia se posponía para el año siguiente. La alegría que produjo la noticia se vio empañada por la caída de Kaffa, con la cual los turcos conquistaban la última base del "dominio mercantil occidental" al este de los Dardanelos. Por aquel entonces podía decirse que el Mar Negro era turco. En noviembre regresó Vlad Tepes a Buda y presentó un informe al rey. El entonces voivoda de Valaquia, Basarab Laiota, quien había sido restituido en su cargo preconizaba una política sospechosamente oscura. A lo largo del 1475, Radu el Hermoso había caído víctima de las revueltas Valacas, no se sabe si en combate o asesinado, pero con seguridad no se trató de una muerte serena.

Al mismo tiempo, en noviembre, llegó una misión enviada por el sultán a la corte del rey, con objeto de negociar la paz. Se puso en evidencia el propósito de Mehmed de aislar a Moldavia al año siguiente. Por toda respuesta, Matthias Corvinus les presentó al "voivoda del palo", como llamaban los turcos a Vlad Tepes.

La guerra contra los turcos dio comienzo de inmediato. Mientras Matthias Corvinus se dirigía a Schabatz, situada sobre el río Save al oeste de Belgrado, y la conquistaba, Vlad Tepes avanzaba hacia Bosnia con tropas húngaras. Dando un rodeo, se aproximó a la importante ciudad de Sebrenica y atacó por sorpresa a su dotación turca, disfrazando a su tropa con ropas turcas, gracias a lo cual pudo atravesar descaradamente las puertas de la ciudad. Como era precisamente día de mercado, el ataque produjo asimismo beneficios financieros. En el curso posterior de las acciones bélicas, el príncipe satisfizo con creces las esperanzas depositadas en él. Allí donde aparecía, la tierra era arrasada, ni siquiera se salvaban los campesinos cristianos. Vlad Tepes se dedicó personalmente a los turcos. Según el informe del obispo de Erlauf, despedazaba con sus manos a los prisioneros y ensartaba sus restos en palos "para infundir terror a los demás".

A las puertas de Semedria se reunió de nuevo con el ejército húngaro. No podía pensarse en sitiar con éxito la fortaleza, por cuanto a Federico III, con quien Matthias Corvinus se hallaba otra vez en malas relaciones, impedía con gastados argumentos la salida de una flotilla que se hallaba en Regensburg y que había sido costeada por el rey húngaro. Por lo tanto, faltaban barcos y maquinaria para el sitio; los húngaros se retiraron al norte; con ello Matthias Corvinus dio por terminada la campaña y se dedicó a los preparativos de su boda con Beatriz de Neapel y Aragón, que debía celebrarse en octubre. Encomendó las ulteriores medidas de defensa contra los turcos el comandante local.

Luego que el rey húngaro abandonase el escenario bélico, Mehmed se trasladó a ocupar su lugar. En mayo, reunió a 100,000 hombres en Adrianópolis y, en junio, se hallaba en el Danubio. Basarab Laiota se unió a él, aportando 10,000 hombres. Para mantener ocupados a los húngaros, 4,500 *akindschis* atacaron Croacia y Carniola, y otros 500 se dirigieron a Temeschwar (Timisoara). Para poner a Esteban en un aprieto, Mehmed había indicado a los tártaros que invadieran Moldavia con 10,000 jinetes desde el oeste. Las llamadas de auxilio de Esteban fueron igualmente atendidas. El rey polaco se remitió a los acuerdos del año anterior, que Mehmed debía tener en consideración, pero Matthias Corvinus dio aviso al voivoda de Transilvania, Esteban Bathory, para que prestara ayuda con su ejército al príncipe moldavo. Como era habitual, llevaba cierto tiempo reunir a los guerreros nobles. Cuando el ejército húngaro partió de Turda, el 26 de julio de 1476, a 350 kilómetros de allí, y por sus propios medios, Esteban libraba con los turcos la batalla decisiva de Razboieni.

A primera vista, el apuro militar en el que se hallaba Esteban podía compararse con el de Valaquia en el año 1462, auque se diera en otras condiciones. El voivoda moldavo gobernaba su país desde hacía veinte años, durante los cuales extendió continuamente su poder, obteniendo éxitos en política exterior que le valieron un alto prestigio como militar y diplomático. Las reformas políticas internas, especialmente la inclusión forzosa del campesinado en la organización del ejército, que suponía el control de la influencia boyarda, aumentaron la capacidad bélica, pero no se impusieron de la noche a la mañana, sino que tuvieron que desarrollarse con esfuerzo.

Los primeros tiempos de guerra fueron prometedores; los tártaros se adelantaron y, en junio, Esteban atacó en Akkerman, impidiendo que se reunieran con los turcos. En lo que respecta a la táctica, siguió la misma que tan buenos resultados le había dado a Vlad Tepes. Evacuó a la población, hizo destruir las viviendas, víveres y cosechas, mandó inutilizar los pozos de agua y apresar a los furrieles turcos. Esto, combinado con la táctica guerrillera, ya tan bien practicada por Vlad Tepes, surtió buen efecto. El 26 de junio de 1476. Esteban intentó repetir el éxito del año anterior, para lo cual atrajo a Mehmed a una zona boscosa, la que previamente había acondicionado con trampas y cañones. La lucha se prolongó durante todo el día y continuó hasta la noche. Esteban logró vencer a la vanguardia turca y, con certeros disparos de artillería, pudo desalentar a los mismos jenízaros. Estos se arrojaron al suelo y el *agha* no pudo movilizarlos para el asalto de las fortalezas de Moldavia. Sólo cuando Mehmed se puso al frente en persona y, con el riesgo de su propia vida, galopó en dirección al enemigo, se movieron los soldados. Esteban, cuya posición se había vuelto insostenible, se retiró durante la noche con su cansado ejército. Fueron sobre todo los boyardos quienes, luchando valientemente, sufrieron serias pérdidas. Las de los turcos eran incomparablemente mayores, pero no llegaron a los 30,000 hombres muertos, tal como aseguraban los cronistas de la época.

Mehmed marchó entonces a Suceava, la capital de Moldavia. Pero la halló tan reforzada y defendida que renunció a sitiarla. Los víveres comenzaban a escasear, se desató el cólera en el ejército turco y, para colmo de males, la flota de transporte, que el precavido de Mehmed había dispuesto para el aprovisionamiento de víveres, fue sorprendida por una tormenta en la desembocadura del Danubio, lo que hizo naufragar a la mayoría de los barcos. El hecho de que el sultán ordenara la retirada el 10 de agosto se debe también a que el ejército húngaro de socorro había alcanzado entretanto el Paso de Oituz, en la frontera transilvano-moldava, y estaba a punto de reunirse con las tropas de Esteban.

En ese momento, llegó una vez más la hora de Vlad Tepes. Basarab Laiota se había desautorizado por mostrarse amigo de los turcos, y tanto Bathory como Esteban el Grande deseaban arrebatarle a los turcos el control de Valaquia e implantar un voivoda que de ningún modo intentara un arreglo con Turquía. Vlad Tepes surgió como la mejor solución personal. A él, que ya no tenía espacio político con respecto al sultán, no le quedaba otro remedio que defender Valaquia de los mismos turcos, costara lo que costara. El 6 de septiembre de 1476, Matthias Corvinus dio su consentimiento. Bathory y el voivoda designado se dedicaron de inmediato a la realización del plan.

La entronización del voivoda no era el principal problema. Los avances militares podían establecerse con facilidad. Bathory y Vlad Tepes atacarían por el norte, y Esteban por el este, de modo que Basarab Laiota quedara apresado en una pinza.

Tras la fracasada campaña, Mehmed sólo podía contar, por el lado turco, con los *begs* fronterizos locales. Pero, ¿cómo se mantendría Vlad Tepes en el poder, en quién se apoyaría? La persona del príncipe era una provocación directa. El sultán no descansaría hasta atrapar a quien había ofendido su honor, destruido sus tropas y asesinado a sus embajadores. Un voivoda como Vlad Tepes significaba para Valaquia la posibilidad de una guerra permanente. El voivoda designado insistía en su disposición al compromiso. Prometió a los comerciantes de Kronstadt una prosperidad como nunca antes habían conocido y les ofreció extraordinarios privilegios; no se habló del derecho de emporio y demás asuntos desagradables.

A principios de noviembre, comenzó la ofensiva de húngaros y moldavos, que se desarrolló conforme a los planes y satisfizo todas las expectativas. El 8 de noviembre, cayó Tirgoviste; el 16, Bucarest; y el 26, Vlad Tepes fue nombrado una vez más voivoda. Los húngaros tuvieron que retirarse a principios de diciembre. Se requería a Bathory con urgencia. El sultán apareció en el Danubio en pleno invierno, y recuperó Schabatz. Vlad Tepes firmó un tratado de alianza con Esteban. El príncipe moldavo le proporcionó una guardia personal de 200 guerreros escogidos. Por lo tanto, no estaba completamente solo cuando, en el paso del año 1476 al de 1477, un contingente de *akindschis* turcos, encabezados por Basarab Laiota, entró en Valaquia.

¿Murió Vlad Tepes en la lucha, o , según otra versión, un asesino a sueldo lo decapitó por la espalda, haciendo rodar su cabeza por el suelo?

Él era tan consciente de que había fracasado, de que todo aquello era absolutamente inaceptable tanto para los habitantes del desangrado principado de Valaquia como para las ciudades sajonas que, por precaución, había dejado a su mujer húngara y a sus hijos en Transilvania.

El cuerpo del príncipe fue sepultado en Snagov, un convento insular cercano a Bucarest, al que Vlad Tepes, du-

Un cementerio abandonado, con su silenciosa y pesada atmósfera, es el sitio ideal para un vampiro.

rante su segundo gobierno, había fortificado generosamente y provisto de tierras. Por el contrario, su cabeza fue cuidadosamente conservada en miel, enviada a Mehmed como prueba de su muerte, atravesada por un palo y expuesta a la vista de todos.

Con la reconquista de Schabatz y la eliminación de Vlad Tepes se restableció la influencia turca en todos los territorios del Danubio. En 1479, Venecia se vio forzada a concluir la guerra con el sultán y a firmar un tratado de paz altamente desfavorable, por el que, además de la pérdida de sus posesiones en el Egeo, reconocía la supremacía turca. En 1481, los otomanos desembarcaron en Italia y conquistaron Otranto. Sólo la muerte de Mehmed impidió la marcha sobre Roma. Tras un tiempo de consolidación, el sucesor de Mehmed prosiguió sin interrupciones la política expansionista. En el Cercano Oriente dominaron Siria y Egipto, convirtiéndose así en la primera potencia del Islam. En el oeste, cayó el reino húngaro. En 1529, los turcos entraron por primera vez en Viena.

Como resultado de las conquistas turcas, el principado rumano perdió su independencia en política exterior, pero pudo conservar un estatus semiautónomo. Los otomanos prefirieron no convertirlo en provincia turca, sino explotarlo mediante un voivoda local, al que pudieran manejar a voluntad. La lucha contra los turcos se diluyó con el tiempo, pero la guerra, la indefinición política y la búsqueda de identidad nacional continúa hasta nuestros días en la región de los Balcanes.

* * *

TÍTULOS DE ESTA COLECCIÓN

Abraham Lincoln
Adolfo Hitler
Alejandro Graham Bell
Alejandro Magno
Beethoven
Benito Mussolini
Buda
Carlota
César Borgia
Charles Chaplin
Cleopatra
Conde Cagliostro
Confucio
Cristóbal Colón
Dante Alighieri
Diana de Gales
Ernest Hemingway
Ernesto Che Guevara
Federico Nietzsche
Franz Kafka
Gandhi
Harry Houdini
Hermann Hesse
Hernán Cortés
Jesús
John F. Kennedy
John Lennon
Joseph Fouché
Juan XXIII
Juana la Loca
Julio César
Karl Marx
Leonardo Da Vinci
Lucrecia Borgia
Mahoma
Marco Polo
María Antonieta
María Tudor
Marilyn Monroe
Marqués de Sade
Miguel Ángel
Mozart
Napoleón
Pitágoras
Rasputín
San Francisco de Asís
Sigmund Freud
Vincent Van Gogh
Vlad Tepes
William Shakespeare

Esta obra se terminó de imprimir en mayo del 2004 en
Litográfica Ingramex, S.A. de C.V.
Centeno 162-1. Col. Granjas Esmeralda
México, D.F.

CALIDAD ISO 9000 CERTIFICADA
Certificado No. 02-2082